AF613704

Faculté de Droit de Toulouse.

DE LA CONDITION DES ÉTRANGERS

EN DROIT ROMAIN ET EN DROIT FRANÇAIS.

DISSERTATION

POUR

LE DOCTORAT

Présentée à la Faculté de Droit de Toulouse,

Par M. VACQUIER (Ernest),

AVOCAT.

TOULOUSE,

IMPRIMERIE BAYRET-PRADEL ET COMP[e],

RUE PEYRAS, 12.

1855.

A LA MÉMOIRE DE MON PÈRE ET DE MA MÈRE !...

A MES PARENTS ET AMIS.

Faculté de Droit de Toulouse.

DE LA CONDITION DES ÉTRANGERS

EN DROIT ROMAIN ET EN DROIT FRANÇAIS.

DISSERTATION

POUR

LE DOCTORAT

Présentée à la Faculté de Droit de Toulouse,

Par M. VACQUIER (Ernest),

AVOCAT.

TOULOUSE,

IMPRIMERIE BAYRET-PRADEL ET COMP[e],

Rue Peyras, 12.

1855.

DE LA CONDITION DES ÉTRANGERS

EN DROIT ROMAIN ET EN DROIT FRANÇAIS.

PREMIÈRE PARTIE.

PRÉLIMINAIRES.

APERÇUS GÉNÉRAUX HISTORIQUES ET PHILOSOPHIQUES (1).

Une question préoccupe vivement et à bon droit quelques esprits inspirés par la philosophie de l'histoire : Vers quel but marchent les peuples? Quel rôle appartient aux nationalités distinctes qu'ils renferment? Comment l'humanité s'est-elle formée, au début, de divers peuples hostiles entre eux, ayant pour loi première l'isolement, la guerre et la haine de l'étranger? Et pourquoi, de nos jours, au contraire, lorsque dès longtemps la guerre et l'isolement ne sont plus dans les mœurs, les barrières tendent-elles incessamment à s'abaisser entre les peuples? Quel avenir leur est promis? La solution de ces problèmes pourrait seule nous dire le sort futur de notre sujet : la condition de l'étranger.

Le problème plus restreint, à la recherche duquel les sociétés anciennes s'épuisèrent, s'il avait une égale valeur, ne pouvait pas prétendre aux mêmes proportions. — En réponse à

(1) Ces aperçus seront complétés, au point de vue historique, en Droit romain et en Droit français, dans les seconde et troisième parties. — Sur la nécessité de l'histoire et de la philosophie dans l'étude du Droit, *Vid.* article de M. G. Bressolles, *Revue de Législation*, 1838, p. 321. — D'Aguesseau, t. II, p. 151-155. — Introduction à la *Revue Bretonne de Droit et de Jurisprudence*, par M. F. Laferrière. — Et M. Benech, *Programme de Droit romain*, introduction.

cette question : Qu'est l'homme? D'où vient-il? Où va-t-il? que de solutions incohérentes, depuis le matérialisme jusqu'au spiritualisme, depuis les philosophes de l'Inde et de la Grèce, jusqu'aux stoïciens de la vieille Rome! Véritable nœud gordien que l'antiquité ne sut pas même trancher et qu'il était réservé à la main toute-puissante d'un Dieu fait homme de délier. Le Christ vint révéler à la créature cette science d'elle-même que, seule, elle cherchait vainement depuis des siècles. A la place des doctrines toujours incomplètes, sinon trompeuses, de Démocrite, de Zénon, de Pythagore, de Socrate, du divin Platon lui-même, l'Evangile apportait au monde *la vérité*.

Du Christianisme jaillit alors la seconde question ; l'unité divine et la fraternité humaine sont sa doctrine. L'homme s'était retrouvé, les peuples et l'humanité allaient se chercher à leur tour : *mens agitat molem !*

Une esquisse rapide, autant que le permettait un si vaste sujet, qui pût me rendre compte des questions vitales de l'étude objet de ma thèse, m'a semblé l'unique moyen de fixer un *criterium*, à l'aide duquel seront plus sainement appréciés, et aussi avec plus de fermeté, les faits que l'histoire viendra dérouler à nos yeux. Sans cela, en feuilletant les pages de l'antiquité, nous aurions risqué de l'accuser faute de la comprendre; dans des temps plus rapprochés, les rêves de paix perpétuelle, de monarchie universelle, de philanthropie socialiste, tous ces systèmes enfantés par la réaction contre l'égoïsme antique, mais qui, sous le masque de la science ou du sentiment, ne cachèrent d'ordinaire que de fastueuses absurdités, seraient passés peut-être sous nos yeux sans provoquer nos réfutations.

Cette première partie de mon travail se divisera donc en deux chapitres. Je me demanderai, dans le premier : Quel a été et quel pouvait être l'esprit de l'antiquité vis à vis de l'étranger? dans le second, j'interrogerai l'esprit des temps modernes.

CHAPITRE PREMIER.

Antiquité.

A ne considérer que les faits eux-mêmes, sans leur demander une raison d'être, l'exclusivisme antique serait incompréhensible. En arrêtant son attention sur la condition de l'étranger dans l'Orient et dans la Grèce, on peut comprendre combien on a de peine à se rendre compte *à priori*, de l'inhumanité des rapports entre les divers peuples dans les époques d'organisation. N'est-ce pas qu'intimement liée au mouvement social, la condition des étrangers dût en subir les constantes vicissitudes?...

Inde. — Nous trouvons dans l'Inde une constitution éminemment théocratique, la division en *castes*, et comme conséquence une répulsion instinctive pour tout ce qui est en dehors de l'association religieuse. Sans nous arrêter aux *çudras*, qui pourtant faisaient partie de la société indoue, dont le seul contact produisait une souillure et auxquels les droits les plus importants, ceux de famille et de propriété, étaient refusés, nous verrons l'étranger, le *mletcha*, assimilé au *paria* et au *tchandala*, qui représentaient dans ce pays le dernier degré de l'avilissement humain. Le *mletcha*, comme impur au plus haut degré, inspire une vive horreur aux riverains du Gange : la ligne qui le sépare des *brahmanes* est infranchissable; il est rangé dans la catégorie des créatures après les bêtes de somme; c'est le droit primitif, tel qu'il nous est attesté par la loi de Manou (1).

Il ne faudrait pas qu'on pût croire que les lois de Manou *sur l'hospitalité* contredisent cette première vérité historique; ces lois n'ont pour but que de prescrire l'hospitalité envers les brahmanes; s'il y est fait mention des çudras, qui ne devaient pas être repoussés, il n'y est nullement question des étrangers.

(1) V. Lois de Manou, *passim*.

Le boudhisme lui-même, qui reposait sur l'idée de l'égalité, s'il vint aider, avec le commerce et les colonies, à la civilisation de ce peuple, ne put cependant chez lui effacer la haine de l'étranger (1).

Perse. — Les mêmes sentiments se retrouvent chez les Mazdeisnants ou sectateurs d'Ormuzd. Le fondateur de cette religion, Zoroastre, s'élève, dans ses conceptions, jusqu'à la notion de l'égalité entre les adorateurs de la lumière; mais les adorateurs des *Devs*, les étrangers, sont l'objet des plus terribles imprécations (2); le Mazdeisnant doit leur refuser toute espèce de choses, et le médecin lui-même doit les laisser mourir sans secours (3). La Perse a pratiqué pourtant l'hospitalité privée et même l'hospitalité publique, et c'est chez cette nation que nous trouvons la première création d'un ministre chargé du soin des hôtes (4).

Egypte. — L'Égypte renchérira sur tant de cruautés; son droit de guerre fut empreint d'un génie farouche. Les rois vaincus traînaient, au rapport de Bossuet, les chars des triomphateurs parés des têtes des ennemis. On a reproché encore à l'Egypte des sacrifices humains dont les étrangers auraient été les victimes (5):

(1) F. Laurent, *Histoire du droit des gens et des relations internationales*, t. I, p. 65 à 203. — Leopoldi Sebastiani, *Storia dell'Indostan*, p. 30. — Nève, p. 539 et 540. — Lois de Manou... *passim*.

(2) « Que le roi impur soit anéanti; que ses peuples trouvent en lui un « tyran; qu'il détruise l'abondance et frappe de stérilité les fruits de la terre. » Voyez Anquetil, *vendidad sadé*, t. I, II, p. 106. — *Ibid.*, p. 111-177-202.

(3) F. Laurent, p. 203 à 220.

(4) *Hérodote et Plutarque*, cités par F. Laurent, t. I, p. 425-465.

(5) L'on trouve sur ce fait la relation suivante dans la description de l'Egypte, au Recueil des observations faites pendant l'expédition de l'armée française : « Sur les bas-reliefs des tombeaux et des monuments Egyptiens qui représentent ces sacrifices, on reconnaît, aux vêtements des victimes, qu'elles appartiennent à des nations dont les combats contre les Egyptiens et la défaite, sont sculptés sur les murs du grand édifice de Carnac. » t. VI, p. 151-152. — V. Juvénal, *Sat.* XV, v. 33-128.

« Quis illaudati nescit Busiridis aras (1) ? »

« C'est une abomination pour un Egyptien, dit la Genèse, de manger avec les Hébreux. » « Un Egyptien ne se servirait pas d'une chose appartenant à un grec. » (Hérodote) (2). Les prêtres ne pouvaient toucher aux objets de provenance étrangère. — Le grand pontife exigeait des rois qu'il consacrait, le serment solennel de ne jamais introduire les coutumes des autres nations.

Dans la suite des temps, l'Egypte qui, dès le principe, n'avait eu qu'une ville, Naucratis, où les commerçants pouvaient aborder, dut à sa situation entre l'Asie et l'Afrique de participer à leur mouvement intellectuel, et de mériter la réputation de haute sagesse qui la distingua (3).

Phénicie. — Les Phéniciens, dont la perfidie était devenue proverbiale, n'eurent d'autre mobile, dans leurs rapports avec les peuples voisins, que leur intérêt commercial.

La piraterie de Tyr et de Sidon n'avait rien de honteux pour ces hardis forbans, qui durent à leurs cruels traitements envers les étrangers, s'il faut en c[illegible] Hérodote, la guerre de Troie et la guerre Médique (4), et pour lesquels le commerce, ce lien des peuples, ne fut qu'une cause de division.

Afrique. — L'Afrique avait un singulier droit des gens : D'après l'auteur de l'*Esprit des Lois*, « Carthage fesait noyer tous les étrangers qui trafiquaient en Sardaigne et vers les colonnes d'Hercule (5); elle pillait les vaisseaux étrangers qui approchaient de Cadix, jetait à la mer les équipages;

(1) Virgile, *Géorg.* I, 3, v. 5.
(2) Liv. II, 41.
(3) F. Laurent, *ibidem*, p. 220 à 319.
(4) Hérodote I, 1 et suiv.
(5) *Esprit des Lois*, liv. XXI, chap. 11.

tout marchand n'était pour elle qu'un concurrent (1). »

Scythie. — Qui se rappellerait sans effroi les mœurs des anciens Scythes ? Ils immolaient les étrangers, les dévoraient et fesaient des gobelets de leurs crânes (2). Lactance (3) raconte aussi que les Tauriens, peuple de la même contrée, sacrifiaient à Diane les étrangers qui venaient dans le pays : « *Erat lex apud Tauros inhumanam et feram gentem, uti Dianæ hospiti immolarentur.* » C'est de cet usage barbare qu'Ovide fait mention comme existant encore de son temps :

« Illi quos audis hominum gaudere cruore
» Non procul a nobis locus est, ubi Taurica dira
» Cæde pharetratæ pascitur ara deæ !...
» . . . . non invidiosa nefandis (4) ! »

Hébreux. — Si nous consultons l'histoire du peuple Hébreu, Démocrite nous dira qu'à chaque période triennale les Juifs immolaient un étranger. D'après Isaïe (L. II. 1), Osée (9. 3), et Amos (3. 17), la terre étrangère est une terre souillée, l'étranger est impur. Avec quel insupportable dédain ne sont pas traités les Gentils (5) ! Il n'était pas permis de faire un cheptel de fer avec les Israélites, mais on pouvait recevoir d'un Gentil et lui donner un troupeau à cette condition (6). Les Gentils entraient dans *le parvis des nations*, mais il leur était interdit de le franchir. Toutefois, les Juifs avaient distingué plusieurs classes d'étrangers :

1° Les prosélytes ou étrangers naturalisés que l'on avait in-

(1) V° Polybe I, 20-7-1-56-2. — V. sur ses mœurs inhospitalières, Virgile, *Ænéide* I, v. 523 ; 539 et suiv.

(2) Τεισ κρανιοισ εκπωμασι χρωμενων. — *Strab. Géogr.*, liv. VII, p. 460.

(3) *Inst. divin.*, lib. I, chap. 21.

(4) *Tristes*, liv. IV, élégie IV, v. 63 et suiv.

(5) Bossuet, *Hist. univ.*, 2me partie, § 5.

(6) Deutér., chap. 28, v. 13 et 43.

corporés dans la nation, et qui jouissaient de tous les droits religieux, politiques et civils, surtout lorsqu'ils épousaient une citoyenne (1);

2° Les étrangers simples domiciliés, qui ne diffèrent des premiers qu'au point de vue religieux et au point de vue politique, en ce sens qu'ils ne participent pas aux pratiques du culte et ne peuvent parvenir aux magistratures civiles et militaires (2), mais qui, en Droit civil, sont, avec l'israélite et le prosélyte naturalisé, sur le pied de l'égalité parfaite;

3° Enfin, l'étranger *nocri*, passager ou forain, auquel on ne reconnaissait aucun droit, et qui serait fort maltraité sans les préceptes de bienveillance recommandés par Moïse à son égard (3).

Et cependant le peuple Juif fut le dépositaire des dogmes de l'unité divine et de l'égalité d'où descendra celui de la fraternité humaine (4), et la pureté des doctrines Esséniennes préparera l'avènement d'une religion d'amour (5).

Grèce. — La Grèce, ce pays de l'art et de la beauté, est née divisée (6); sa seule gloire est d'avoir conçu et organisé la *cité*. Le Grec fut surtout *citoyen* (7), et ne put s'élever pour cette raison à l'idée de l'unité humaine (8); d'une ville à l'autre on se traitait d'étranger; des discussions, des haines mortelles séparaient les cités. Thèbes, Sparte et Athènes, qui ont

(1) Voy. Soloman, *Essais sur la condition juridique des étrangers*, p. 16.

(2) Deutér., chap. 14, v. 21. — Basnage, *Hist. des Juifs*, liv. VII et IX.

(3) Deutér., chap. 10, v. 18 et 19. — *Ibid.*, chap. 14 v. 29. — Chap. 26, v. 12. — Chap. 24, v. 17, 21 et 22.

(4) Lévit., chap. 23, v. 35. — V. M. Salvador, *Histoire des institutions de Moïse.*

(5) V. F. Laurent, I, 389. — Josèphe, *de bell. Judeor* II, 3, 7, 8, 10, 11.

(6) De Maistre, *du Pape*, liv. IV, chap. 2.

(7) Lerminier, *Hist. du Droit*, p. 338.

(8) V. l'article de M. Troplong sur la République d'Athènes et de Sparte, *Revue de Législation*, 1851, t. II, p. 6.

fait pour constituer des hégémonies des efforts inouïs mais infructueux, sont la preuve de ces sanglantes jalousies; la Grèce ne forma jamais un corps de nation (1). Que pouvait donc attendre l'étranger d'un peuple qui détruisait dans ses guerres civiles Syrra, Pise et Mycène. Ce n'est pas une inutilité pourtant de rechercher quel fut, là aussi, la condition des étrangers. Les institutions de Sparte et d'Athènes, qui résument en elles toute la civilisation hellénique, nous serviront de type dans cette étude.

Entre ces deux cités, le contraste est assez remarquable : Sparte, imbue au plus haut degré de l'esprit aristocratique, se fera de sa constitution municipale un rempart contre les gens du dehors (2); Athènes, plus libérale, leur donnera bientôt un facile accès dans son étroite enceinte.

1° Sparte. — A Sparte, les Doriens envahisseurs, au nombre de 6,000, jouissent seuls des droits politiques; les vaincus, les Lacédémoniens ou *Periœques*, qui forment la masse de la population, possèdent à peine la liberté; ils ne connaissaient leurs maîtres que par le tribut qu'ils leur payaient; ils trouvent seulement dans la faculté d'exercer le commerce et l'industrie, privilége qui n'était que la marque de leur condition servile, le moyen de s'enrichir; les *Ilotes* ou serfs viennent ensuite : c'est à propos de leur condition que les Spartiates méritèrent de passer pour les inventeurs de l'esclavage... Le citoyen seul est propriétaire; les chefs de famille ont reçu de Lycurgue une portion de territoire divisé entre eux (3) et inaliénable dans leurs mains; l'étranger ne pouvait être pour Lycurgue qu'un espion

(1) V. F. Laurent, t. II, *passim*.

(2) Tite-Live, liv. II, chap. 21. — « Toutes les luttes et guerres internationales de la Grèce ancienne ne sont que des guerres de municipalité. » M. Charles Giraud, *Droit de propriété*, t. I, p. 237. — V. A Thierry, *Histoire de la Gaule sous la domination romaine*, p. 23

(3) V. Giraud, *Prop.*, p. 39 et 40, sur le mot [illegible]. L'admission et l'exercice des droits de propriété dut dépendre de la profession de son culte. — V. le passage d'harpocration. — V° [illegible], p. 76, édit. *lips*.

et un intrus dont il fallait se méfier; aussi ce législateur s'attacha-t-il à détruire, par la réprobation du travail et du commerce considérés comme dégradants, toutes les affections naturelles à l'homme, pour exalter l'amour de la patrie et de la gloire (1). L'étranger que ses affaires ou son négoce appelaient à Sparte, ne pouvait y faire qu'un très court séjour (2). Il en était impitoyablement chassé, en vertu des lois sur la *xénélasie* (3), lorsque sa manière de vivre faisait craindre un fâcheux exemple pour les vertus sévères des citoyens. Que si la *naturalisation* fut admise en principe pour faire entrer l'étranger dans la cité, le fait lui-même fut si rare, que nous ne le constatons que pour faire ressortir la parcimonie de Sparte à accorder une pareille faveur. Au temps des guerres médiques, elle n'avait donné le titre de citoyen qu'à Tisamène et à Egésias, son frère, à qui l'oracle avait promis la victoire (4).

2° Athènes. — A Athènes, cette cité qui, dans le nombre des villes et des républiques grecques, en est comme la tête et la fleur (5), les vainqueurs sont représentés, au temps de Pisistrate, par les *Eupatrides;* les vaincus, habitants des montagnes, par les *Paraliens;* les premiers sont maîtres, les seconds sans droits. La législation de Solon, l'une des plus humanitaires de l'antiquité, établit, seulement entre tous les membres de la cité athénienne, une bienfaisante répartition des droits, en attendant la démocratie; mais là devait s'arrêter ce mouvement. Aussi voyons-nous l'esprit municipal d'Athènes prohi-

(1) Le travail reste dans l'antiquité l'apanage des classes inférieures, et l'on rapporte que chez les Béotiens celui qui s'était livré au commerce devait se purifier par dix années d'oisiveté avant d'être digne d'aspirer au maniement des affaires publiques. — V. Rossy, *Leçons d'économie politique,* 14e leçon.

(2) M. Salvador, *Hist. des institutions de Moïse,* l. v, chap 3.

(3) F. Laurent, v. 105.

(4) Hérod., 9-33 et suivants. — « Les Corinthiens n'avaient ouvert les portes de leur cité qu'à un Dieu, à Hercule, et à un conquérant, Alexandre. » Sénèque, *de Bénéficiis,* I, 13.

(5) Lerminier, *Hist. du Droit,* p. 330.

ber l'exercice des droits politiques à ceux qui ne descendaient pas tout à la fois d'un père et d'une mère citoyens.

Athènes avait divisé les étrangers en trois classes : les *Isotèles, les Mœlèques et les Barbares.*

L'isotélie, ou naturalisation, ne s'accordait que sur la demande de 1,000 citoyens, approuvée dans une assemblée de 6,000, et adoptée par un décret du peuple ; l'isotèle était exclu des phratries, du sacerdoce et de la magistrature des archontes ; il avait le droit de propriété et la *manus* grecque sur son épouse, ainsi que le droit de tester.

Les *Mœlèques* étaient ceux que l'aréopage avait autorisés à s'établir dans la ville ; un quartier particulier leur était assigné ; c'est ce qui est confirmé par Cœlius Rodiginus (*lectio antiquâ*), qui nous apprend en même temps qu'un tribut annuel était imposé aux étrangers (1).

La confiscation des biens et l'esclavage (2) attendaient le *mœlèque* qui aurait contracté mariage avec une citoyenne d'Athènes à laquelle le Thébain, le Crétois et le Spartiate ne pouvaient eux-mêmes s'unir.

Les étrangers étaient exclus des rapports de famille et de la succession *ab intestat*; l'acquisition même à titre onéreux des immeubles leur fut interdite (3), ainsi que la capacité de disposer ou de recevoir par testament (4). Ces droits divers, l'isotélie seule pouvait les leur donner, en leur conférant la jouissance de droits politiques. (Voyez à ce sujet le remarquable travail de M. Ch. Giraud) (5).

La justice n'était assurée qu'au citoyen ; l'étranger *mœlèque*

(1) « Viri scilicet peregrini duodecim dragimas ad ærarium quot annis conferebant ; si convicti fuissent non exsolvisse venumdabantur, et locus peregrinis destinatus tanquam carcer erat, » rapporte M. Bacquet, *Droit d'aubaine*, ch. 3, n° 22.

(2) Euripide, *Ioniens*, n° 290-294.

(3) Xénophon, *de Vectig.* II, 6.

(4) Wachsmuth, 55, 103, t. II, p. 177, cité par F. Laurent, t. II, p. 104.

(5) *Revue de Législation*, t. XVI, p. 97, 103 à 108.

devait se choisir un patron qui le représentât dans toutes ses actions.

Quant aux *Barbares*, leur condition fut déplorable; la délation la plus honteuse les livrait chaque jour à l'injustice de leurs maîtres; il suffisait d'être soupçonné de pérégrinité pour être jeté dans les fers, et une fois convaincu de ce crime, le prisonnier était vendu. C'est ainsi que les étrangers étaient, au milieu des citoyens, comme la paille est au grain :

« Τοὺς γὰρ μετοίκους ἄχυρα τῶν ἀστῶν λέγω (1) ! »

— Voilà comment l'histoire nous a appris que l'antiquité n'avait pas eu la notion d'un droit international humain.

Quelle en fut donc la cause? et comment les sentiments de bienveillance et d'égards réciproques que la nature a gravés dans le cœur de l'homme sont-ils demeurés si longtemps endormis? — C'est la première question que je vais examiner :

Nous devons nous demander d'abord quel pouvait être le premier état social entre les hommes dans ces époques de génération et d'organisation?

A priori, je repousse le système qui veut trouver la cause de l'antipathie réciproque des premiers peuples dans la *diversité d'origine* qui les aurait, à un moment donné, opposés les uns aux autres, avec des mœurs, des habitudes et un langage différents...

Je ne saurais voir non plus, et j'ai hâte de le déclarer, la cause de cet antagonisme dans un instinct anti-social, qui, au dire de certains philosophes (2), aurait caractérisé l'*homme de la nature*, et se serait, sans doute, retrouvé dans les rapports primitifs des nations...

Un fait qui nous offre des données plus sérieuses et plus res-

(1) Aristophane, *Acharniens*, v. 508; *Electre*, de Sophocle, v. 189, 192.

(2) V. notamment Hobbes, *Fondements de la politique*, sect. 1, *de la Liberté*, ch. 1er, § 2; de l'*Empire*, ch. 5, § 2.

pectables, est celui d'une origine commune; il est attesté par la Genèse, où sont inscrits les premiers titres de la race humaine. Le rapprochement des hommes entre eux a pris naissance par l'établissement de la famille, ayant le père comme chef, la mère comme ministre et les enfants pour sujets; à la famille succéda bientôt la tribu, sous la puissance aristocratique des meilleurs ou des plus forts (ἄριστοι).

En constituant ainsi l'état social, l'homme ne fesait qu'obéir au penchant naturel qui l'entraîne à s'unir à ses semblables; ses besoins et ses facultés, en rapport avec sa destinée, lui en fesaient une loi (1).

L'humanité avait pourtant débuté sur la scène du monde par la désobéissance de nos premiers pères et par le meurtre de Caïn; le châtiment de Dieu l'avait vouée, dès ce jour, à la loi du *travail* et de *l'effort*. Je n'ai pas à la suivre dans sa marche et dans ses péripéties diverses jusqu'au moment où la race humaine, s'étant considérablement propagée, éprouva le besoin de se diviser pour aller peupler les différentes parties du globe. Je ne m'arrêterai qu'un instant à l'époque où, cédant à une pensée d'orgueil, les hommes voulurent, avant de se séparer, élever une tour jusqu'au ciel: c'est du pied de cette tour que les peuples se quittèrent étrangers; leurs langues avaient été confondues, et ils ne devaient plus s'entendre, jusqu'à ce que, en vertu d'un autre miracle de Dieu, après s'être bien longtemps cherchés, ils devaient se reconnaître comme frères.

Ainsi dispersés, les hommes allaient former différentes races, distinguées par les caractères physiologiques, les mœurs et la diversité des langues.

Chacun de ces g rupes nous présente dès cet instant un tout

(1) *Quæ sit conjunctio hominum et quæ naturalis societas inter ipsos.* — Cicéron, *de Legibus*, l. 1, ch. 5. — *De Republ.*, l. 1, § 23. — Platon, *Repub.*, l, 2. — Aristote, *Politiq.*, l. 1, ch. 2. — Grotius, *de Jure bell. et pacis*, *proleg.*, § 17. — Filangieri, *Scienza della legislatione*, 1, 1. — M. Delpech, professeur, *Programme de Code Civil*, 1re année.

isolé, distinct, indépendant, jouissant d'une organisation propre, d'un culte particulier et radicalement séparé, par des intérêts antagonistes, car le travail d'organisation particulière devait nécessairement précéder, dans de telles conditions, le travail d'organisation générale (1). Chaque nation allait donc se développer à part, restrictivement, avec son originalité individuelle; et pour établir, conserver ou défendre cette organisation si péniblement poursuivie, pour sauvegarder en un mot un principe qui fut leur clef de voûte, le principe de leur souveraineté respective et de leur *autonomie*, elles ont dû nécessairement constituer, à l'origine, des peuples hostiles entre eux. L'égoïsme dominant seul, l'on ne dut voir dans l'étranger qu'un hôte dangereux pour la cité municipale (2).

Ce besoin d'une résistance permanente se reflète dans toutes les institutions de l'antiquité. Le système d'éducation surtout le révèle; les jeux de la Grèce et la gymnastique ont pour but de former des hommes de guerre (3). La force est le plus beau titre de gloire dans ces temps primitifs; Hercule dut être un Dieu, et les faisceaux furent à Rome le symbole de la Justice;

On conçoit, sous l'influence d'un tel état de choses, quelles rivalités aveugles et cruelles durent s'allumer : l'extermination des vaincus d'abord, puis l'esclavage, qui réalisa un progrès, et toujours l'exclusion haineuse de l'étranger, en furent les résultats naturels.

(1) « Ce serait une grande folie, en parlant de sociétés naissantes, de les accuser parce qu'elles ont commencé dans la sauvagerie, dans les guerres, et qu'elles n'ont pas atteint de prime-saut la perfection des lois, des institutions, des arts, et cent autres perfections où nous-mêmes nous ne sommes pas parvenus. » Louis Veuillot, *Droit du Seigneur au moyen-âge*, p. 31 et 34.

(2) « Cette haine de l'étranger, qui se produit dans l'organisation du droit de cité et du droit de propriété, est un effet de la constitution municipale des villes anciennes. » M. Ch. Giraud, *Droit de Propriété*, 1, p. 238.

(3) Condorcet, *Tableau des progrès de l'esprit humain*, p. 97. — Montesquieu, *Grandeur et décadence*, ch. 2, p. 123 et suiv.

De là, le droit *civil* de chaque peuple : *jùs proprium cujusque civitatis*.

L'homme isolé ne peut, il est vrai, se passer un seul jour de l'appui de son semblable ; mais les nations ne ressentent pas aussi rapidement le besoin de s'unir ; elles forment, comme je l'ai dit, un tout qui se suffit longtemps à lui-même ; le mot relation internationale est déjà le signe d'une civilisation plus avancée. L'individu se renferme d'abord en lui-même, où s'il fait abstraction de sa personnalité, il ne voit guère plus loin que l'*État*. Je n'en veux, pour garant d'autres exemples que ces grands hommes, qui donnèrent au *patriotisme* la préférence sur l'*humanité* (1).

Si donc nous rencontrons dans le Droit primitif des maximes pleines de rigueur contre l'étranger, nous n'en serons pas surpris ; la lutte n'est aux yeux de la société antique qu'une défense légitime...

D'autres principes, professés par les anciens, pourraient nous étonner bien davantage ; ainsi, lorsque nous trouverons l'hospitalité, presque généralement pratiquée par l'antiquité, lorsque des lois l'érigent en devoir, comment apprécier ce fait et lui assigner sa véritable place ?..... Serait-il le résultat d'une de ces révélations spontanées du cœur humain, qui s'est toujours retrouvé à de certains moments malgré les entraves des nécessités politiques ou d'une éducation intellectuelle et religieuse en désaccord avec sa véritable nature ? L'hospitalité ne fut d'ailleurs qu'un moyen peu efficace pour corriger ce que l'état social avait alors de barbare ; ne serait-il pas vrai qu'elle ne s'établit que parce que l'*hospes* ne prétendait pas à la participation des droits civils ou politiques mais plutôt à de simples égards ?

(1) Aristote et Platon.

CHAPITRE II.

Temps Modernes.

L'humanité avait été condamnée, ainsi que je l'ai dit, à la loi du *travail* et de *l'effort;* mais la Providence, qui a toujours placé l'espérance à côté de la douleur, avait fait de la peine infligée à ses premiers égarements, la loi consolante du *progrès;* elles se confondent l'une l'autre, ou plutôt elles ne font qu'un; le progrès, qu'est-il donc autre chose qu'un effort continu?...

En vertu de cette loi, les peuples marchent en ligne droite; ce serait donc une impiété que prétendre qu'ils tournent sans cesse dans un cercle fatal, comme l'ont affirmé Vico, dans sa *Philosophie de l'Histoire*, et Machiavel, dans son *Discours sur Tite-Live.* Ajouter foi à un tel sophisme, c'est nier l'évidence elle-même; c'est d'ailleurs, entre deux doctrines correspondantes sur l'activité humaine, préférer celle qui tend à un triste et grossier mécanisme au lieu d'admettre l'harmonie économique basée sur la liberté (1).

J'accepte donc, comme incontestable, cette force ascendante qui attire l'humanité aussi bien que l'homme de l'ombre vers la lumière, du mal vers le bien, de l'ignorance vers le vrai!

Mais le perfectionnement ne se réalise pas en un jour; les siècles seuls l'élaborent lentement. Le progrès, dont on a fait tant de bruit et dont le nom seul fait encore tant de peur parce que quelques rêveurs impatients ont voulu l'improviser sans tenir compte de sa nature, le progrès n'est à vrai dire que cette alluvion, *incrementum latens,* apportant chaque jour, *paulatim,* un grain de sable à son œuvre (2)...

En vertu de la loi de *l'effort,* la barbarie avait dû être le point de départ de l'humanité; l'application de ce principe à

(1) V. F. Bastiat, *Harmonies économiques*, ch. 1er.
(2) Inst. de Justinien, liv. II, tit. I, § 20.

l'étude des relations internationales, nous a montré le dogme d'*association* et d'*unité*, tout à fait méconnu par les peuples primitifs; en vertu de la même loi, le problème de la fraternité humaine doit être de nos jours mieux compris...

Nous sommes loin, en effet, de la société païenne et de cette doctrine de l'oppression, considérée comme un devoir par delà l'ère chrétienne, dans ce monde de fer de l'antiquité. Les temps ont fait justice des systèmes absolus qui absorbaient *l'individualisme* et la *liberté*, principes féconds de toute vie pour les nations comme pour les individus.

Combien est préférable le caractère de l'homme moderne : « généreux, doux, aimant, industrieux, avide de progrès, « honorant l'obéissance par une noble mesure de liberté, pré- « parant par ses œuvres, comme par ses aspirations, l'unité « future où marche le genre humain (1) ! »

« Les légistes, » disait récemment encore M. Bénech, secrétaire perpétuel de cette Académie à laquelle de si grandes destinées appartiennent, « les légistes en étudiant le contraste « frappant qui existe entre la civilisation antique et la civi- « lisation moderne, aiment surtout à y constater les progrès « que l'humanité a accomplis principalement sous l'action du « christianisme. Là, c'est la société se parquant dans les bor- « nes des cités et des empires; c'est l'homme égaré par une « fausse politique, affaiblissant ou rompant fatalement le lien « de fraternité qui l'unit à ses semblables; c'est Rome, mi- « litaire et superbe, fulminant du haut du Capitole une « sentence d'excommunication civile contre tous les étran- « gers...... Ici, au contraire, à la lueur de l'Évangile, les « sociétés d'origine différente se rapprochent, et le droit na- « turel reprend la plus grande partie de ses avantages, car « l'homme aspire partout à effacer le citoyen (2). »

(1) Le R. P. Lacordaire, *Discours sur la loi de l'histoire*, inséré dans le *Recueil* de l'Académie de législation, 1854, p. 211.

(2) *Recueil* de l'Académie de législation, 1854, p. 194.

On l'a dit pourtant et il faut le reconnaître, la réaction est toujours égale à l'action lorsqu'elle n'est pas même de beaucoup plus forte..... Autant les époques d'organisation se seront montrées impitoyables envers l'étranger, autant les siècles de *similitude* et de *propagande* (1) s'engageront dans la voie contraire, et dépasseront le but que la saine raison devait seul viser; — c'est que la générosité et les plus nobles inspirations du cœur ont quelquefois des entraînements irréfléchis, des aspirations trop ardentes pour être vraies! — tout en constatant ce que l'esprit moderne a réalisé de progrès réel dans le domaine de notre question, j'examinerai froidement, sans esprit de système, s'il ne s'est pas égaré dans sa route et si, en voulant trop ardemment le progrès, il n'a pas oublié de l'harmoniser avec le possible.

On serait tenté de faire un beau rêve d'avenir en étudiant l'histoire du progrès humain, depuis l'avènement du christianisme jusqu'à nos jours :

L'esclavage et l'exploitation de l'homme par l'homme presque entièrement abolis. — Le commerce et l'industrie, qui vivent d'échanges et facilitent les communications, ayant reconquis au moyen-âge la place que les peuples primitifs leur avaient longtemps refusée. — Les croisades qui ouvrirent glorieusement l'ère la plus féconde en faits civilisateurs, et qui mirent en communication constante l'Orient et l'Occident, en même temps qu'elles préparèrent chez nous l'affranchissement des communes (2). — La découverte des deux Amériques, qui établit tant de rapports entre les nations. — Puis, à des époques successives, l'invention de l'imprimerie et la création des postes. — De nos jours, l'emploi de la vapeur comme force motrice; — la télégraphie électrique qui, rapide presque autant que la pensée, apporte la parole à travers l'espace et

(1) V. le sens attaché à ce mot par M. Ortolan, *Cours de législation pénale comparée*, chapitre *de la loi du Développement de l'Humanité*.

(2) V. la partie historique de notre Droit français.

l'Océan lui-même, qu'un poète avait pourtant appelé une insociable barrière (1). — La rivalité pacifique des expositions universelles, encouragées par les gouvernements éclairés de tous les pays; banquet hospitalier de tous les talents, dans lequel les nations cherchent encore à se vaincre, mais en se tendant la main; — les efforts de la diplomatie moderne pour le maintien d'une paix bienfaisante en accord avec la dignité nationale; la cordiale entente, au moment du danger, de peuples dont les haines semblaient irréconciliables ou qui se connaissaient à peine avant de se savoir amis.

Tous ces faits et le pressentiment des découvertes que le mouvement auquel nous obéissons semble devoir prochainement réaliser, ne semblent-ils pas pouvoir justifier l'enthousiasme avec lequel quelques esprits hasardeux se sont laissés entraîner en recherchant les destinées réservées de l'humanité?

Leurs théories peuvent se résumer dans les données suivantes :

1° La guerre a fait son temps, et la *paix perpétuelle* est, de nos jours, possible en instituant un congrès des nations pour la maintenir (2).

2° En vertu du progrès indéfini, l'humanité est appelée à réaliser incessamment sur terre la *république ou la monarchie universelle* (3).

Quelques mots suffiront pour répondre à ces exagérations.

1° L'utopie de la paix perpétuelle n'est qu'un rêve généreux, qui fait plus d'honneur à la sensibilité qu'à la raison de ceux qui l'ont inventé; car la guerre a ses racines dans le besoin de légitime défense que conserveront toujours les nations pour

(1) « *Disjunxit Oceano dissociabile terras!* » Ovide.

(2) D'Alembert et Diderot, *Encyclopéd.*, V° guerre. — Kant, l'abbé de St-Pierre et J.-J. Rousseau.

(3) Sénèque, *de otio sapientis*, c. 31. — Grotius, *de Jure belli et pacis*, prol., p. 18. — Wolf, *Dr. des gens*, prol., § 7. — Kant, *Doctrine du Droit*. — Alexandre, Charles-Quint, Newton.

faire respecter leur mutuelle indépendance (1). La guerre sera toujours aussi juste, à ce point de vue, que le bon mot d'un aubergiste hollandais, qui avait gravé cette inscription satyrique « *à la paix perpétuelle* » sur son enseigne, où était peint un cimetière (2).

Sans contester l'influence éminemment civilisatrice que peut avoir la guerre, je me garderais toutefois d'admettre, dans sa généralité, l'opinion de quelques auteurs (3), qui prétendent qu'elle a encore le droit d'être agressive pour faire avancer la civilisation. Ce serait, à mon avis, justifier le meurtre des nationalités à qui il appartient de se développer en toute liberté. Triste moyen à l'aide duquel, à leur gré, les peuples les plus civilisés seraient les maîtres d'imposer leurs doctrines aux nations moins avancées dans la voie du progrès, et de les effacer du livre de vie si elles résistaient à la force, plus jalouse qu'elles mêmes de leur bonheur!

Et d'ailleurs croirait-on par hasard que, ôtée la guerre, s'arrêterait le progrès? Le progrès n'a-t-il pas en son pouvoir d'autres moyens pour que la communication des idées s'opère sans effusion de sang? S'il y a des différences profondes entre les nations, il y a aussi des similitudes qui se découvrent en soulevant l'écorce (4). On peut évangéliser, de nos jours, autrement qu'à coups de canons; vouloir le mal pour arriver au bien, serait-ce un meilleur système en morale politique qu'en morale individuelle? « Il n'est pas permis d'être injuste, » dit M. Jules Simon (5), « pour préserver quelque grand intérêt...

(1) « *Arma quæ in armatos sumere jura sinunt.* » Ovide, *l'Art d'aimer*, livre III, v. 492. — Vico, Machiavel, de Maistre, Cousin et Lerminier, se montrent à nous comme les partisans exagérés du droit de guerre.

(2) V. cette anecdote rapportée par Kant lui-même dans la traduction de la *Doctrine du Droit*, par Jules Barni.

(3) M. Cousin, *Cours d'histoire de la philosophie*, 1828, 9e leçon, *passim*. — M. Lerminier, *Philosophie du Droit*, l. II, ch. 2, p. 94 et suivantes.

(4) Ortolan, *loc. cit.*

(5) *Du Devoir*, p. 344 et 341.

« Faire le mal pour aboutir au bien, c'est toujours vouloir le « mal. » Répétons donc avec saint Thomas, l'illustre disciple de saint Dominique : *fides suadenda non imponenda!* — L'opinion que je constate marche d'ailleurs, si je ne me trompe, au bord d'un abîme..... Le gouvernement civilisé, qui aurait vaincu un peuple moins avancé que lui, aurait sans doute le droit de continuer à le régir, de lui imposer ses lois et sa manière d'être, pour conserver le germe précieux dont il aurait daigné l'enrichir!..... Mais, de cette pensée à l'idée de domination universelle, il n'y a qu'un pas!... J'apprécierai les dangers de cette tendance, en examinant le second terme de la solution offert par le cosmopolitisme ou l'ambition exagérée de certains princes.

2° A la recherche de l'association future des peuples entre eux, certains rêveurs ne voudraient rien moins qu'abolir immédiatement les nationalités elles-mêmes; on a cru possible, de nos jours, une fusion tellement intime que la qualité d'étranger deviendrait un vain mot dans l'ordre politique comme dans l'ordre civil (1); que l'amour de la patrie disparaîtrait pour faire place à l'amour de l'humanité; que les peuples n'auraient plus qu'un seul costume et une seule langue... C'est ainsi que parlaient, après Sénèque (2) « ces grands cœurs dont la tendresse « n'était pas satisfaite si elle n'embrassait le monde entier, « qui avaient des amis à la Chine et au Canada, et qui mettaient leurs enfants à l'hôpital (3)! » Pour caractériser leurs efforts à nous donner à tout prix l'unité républicaine ou monar-

(1) L'admission de l'étranger à la participation des droits civils, sous condition de réciprocité, est un fait assez généralement adopté soit par le texte, soit par l'esprit des législations modernes. — V. Fœlix, *Droit international*.

(2) Sénèque « non sum uni angulo natus, patria mea totus hic mundus est, » lettre 28. — Le même, *de Otio sapientis*, c. 31. — Grotius, *de Jure belli et pacis*, prol., p. 18. — Wolf, *Droit des gens*, prol., p. 7. — Kant, *Jus cosmopolitum*. — J.-J. Rousseau.

(3) *Revue de Législation*, 1851, article sur les Républiques d'Athènes et de Sparte, t. II, p. 50 et 51. — V. encore art. *ibidem*, p. 6.

chique, au grand détriment de l'indépendance respective des nations, qu'il nous soit permis d'emprunter le langage plein de logique et d'énergie de M. Troplong (1). « Quelques philoso-« phes et des politiques ont proposé, dit l'éminent magistrat, « de revenir au système bizarre de la communauté grecque, « et de pétrir la société à la guise de leur utopie, s'imaginant « qu'on arrive à quelque chose de meilleur que ce que le libre « essor des facultés humaines nous a donné, en manipulant « la nature humaine, en la soumettant à je ne sais quelle folle « alchimie, pour en tirer plus d'or que notre civilisation ne « peut en donner!... C'est absolument comme aux plus beaux « temps de la rudesse lacédémonienne : le même dédain du « droit naturel, le même préjugé contre la liberté humaine, « la même préférence pour les moyens extraordinaires de « gouvernement! » Mais il n'y a plus de sol où l'absolutisme individuel puisse germer aisément (2).

Le rêve de domination universelle n'est donc, comme nous l'avons dit déjà, qu'une impiété et un non-sens politique (3). Il est vrai que l'unité du monde à réaliser par l'oppression, a eu pour défenseurs les monarques les plus puissants et souvent les moins enthousiastes : Alexandre, César, Charles-Quint, Philippe II, Henri IV, Louis XIV, Napoléon, Pierre Ier et ses successeurs... Mais la pensée de ces colosses, sous les pas desquels le monde a tremblé, n'auraient abouti qu'à imposer à des peuples libres et qui ont le droit de conserver leur autonomie, une domination qui pouvait n'être ni de leur choix, ni de leur croyance... Certes! la parole de Napoléon III : « l'Empire c'est la paix! » au moment où il recueillait le glorieux héritage de Napoléon Ier, était une grande et solennelle protestation contre cette monstrueuse doctrine.

(5) Jules Simon, *du Devoir*.

(1) Charles de Rémusat, *Revue des Deux-Mondes*, 1855, 15 janvier.

(4) Considerations sur les temps présents. — De l'idée de monarchie universelle, par M. Emile Montégut, *Revue des Deux-Mondes*.

Un seul peuple et un seul pasteur? Mais si c'est là le but auquel, à la fin des siècles, arrivera l'humanité, ne sera-ce pas le règne de Dieu, s'il doit venir tout entier sur la terre?... L'humanité aurait alors achevé sa mission, qui, pourtant, est d'avancer toujours; le progrès, aidé par les découvertes et les inventions, qui pour nous ne sont qu'un moyen de faciliter la fusion ultérieure des nationalités, ne suivrait plus qu'une route, ou plutôt il n'aurait plus rien à conquérir, c'est à dire qu'il n'y aurait plus de progrès et par conséquent plus de vie!... Les temps étant finis, l'éternité s'ouvrirait. Combien je préfère, pour notre époque, à celle doctrine celle de M. J. Simon qui se fait l'apôtre de l'amour de la famille et de la patrie coexistant à côté de l'amour de l'humanité; sauf à trouver des limites pour contenir ces trois amours sans qu'ils se blessent l'un l'autre! « Si l'on veut briser l'autel de la patrie, il faut aller jusqu'au foyer domestique et en disperser les cendres; ou plutôt il faut fouiller jusqu'au fond du cœur humain et en arracher les premiers principes de l'amour (1). » Non! les nationalités distinctes ne doivent pas de longtemps disparaître... L'humanité sera perfectible tant qu'elle vivra... mais elle vivra en Dieu à l'heure où elle sera parfaite!...

— Si d'autres espérances sont décevantes et même immorales à offrir comme prochaines, qu'aura donc apporté l'idée chrétienne et le progrès du temps, dans la balance des intérêts de l'humanité?...

Il nous appartient à peine de toucher à la difficulté. Je répondrai cependant :

Condorcet a établi l'analogie des facultés de l'humanité avec celles de l'homme individuel (2).

(1) *Du Devoir*, p. 148 et suiv.; 167 à 173 et 178. — V. dans le même sens Silvio Pellico, *des Devoirs des hommes*, ch. 8, p. 30, de la traduc. Sievrac.

(2) « Rien n'est plus vrai que l'analogie constatée entre le développement « de l'homme individu et celui de l'homme collectif; on raisonne avec exacti- « tude de l'un à l'autre. » M. G. Bressolles, *Revue de Législation*, t. VIII, 1838, p. 324.

L'homme individuel est *sociable et libre*; la *liberté* et *la sociabilité* sont donc les bases de l'existence des nations et de leurs relations. De la pondération de la liberté et de la sociabilité, ressortent les principes généraux qui commandent et dominent les rapports des nations (1). « C'est là le côté saillant et délicat de la sociabilité (2), mais c'est aussi le côté par lequel l'allure de la civilisation conserve ce cachet d'originalité et de variété qui fait sa beauté chez les divers peuples ; le nier, serait méconnaître la loi des contrastes qui a tant de charmes : Les peuples se rapprocheront sans cesse davantage pour obéir à cette loi, dont le but est *l'harmonie entre tous les êtres intelligents* (3); mais de leur choc pacifique seul pourra résulter la vie, jaillir la lumière et s'établir la justice.

« De nos jours, en effet, un nouveau droit des gens s'élabore, supérieur encore à celui de Grotius et de Montesquieu, tout à fait social et cosmopolite, d'où sortira l'indépendance de chaque peuple et la solidarité du monde (4)! »

(1) V. Foucher, *Revue Bretonne de Droit*, 1840, p. 45.

(2) Lerminier, *Philosophie du Droit*, ch. 3, p. 44.

(3) O. Vacquier, Ouverture du Cours de Législation pénale comparée, à la Faculté de Droit de Toulouse.

(4) Lerminier, *Philosophie du Droit*, l. II, ch. 2.

DEUXIÈME PARTIE.

DROIT ROMAIN.

DES ÉTRANGERS A ROME.

Le droit de Rome résume l'époque où deux civilisations rivales se sont rencontrées et ont lutté corps à corps, jusqu'à ce que s'accomplit la transformation du monde, le triomphe de l'Occident sur l'Orient, du génie de l'avenir sur celui du passé (1).

« Il s'est fait, à Rome, une immense circulation de toutes « les nations de l'univers (2). » Sur ce vaste théâtre, la question de la condition de l'étranger revêt aussi des proportions plus larges et mieux accusées; c'est là qu'elle nous offrira de plus un grand intérêt, car, à Rome, plus que partout ailleurs, l'on peut constater la marche du progrès et suivre pas à pas son développement insensible : « Contemplée du Capitole, dit « M. Michelet, cette ville tragique laisse facilement saisir dans « ses principaux monuments, le progrès et l'unité de son his- « toire; le Forum nous représente la République; le Panthéon « d'Auguste et d'Agrippa, la réunion de tous les peuples et de « tous les dieux de l'ancien monde en un seul empire, en un « même temple; ce monument de l'époque centrale de l'his- « toire romaine occupe le point central de Rome, tandis « qu'aux deux extrémités vous voyez dans le Colisée les pre- « mières luttes du christianisme, son triomphe et sa domina- « tion dans l'église Saint-Pierre (3). »

Une séparation profonde distingue, il est vrai, l'époque où la

(1) V. l'art. de M. Ch. Pouaert, *Revue de législation*, 1838, p. 328.

(2) Montesquieu, *Grandeur et décadence des Romains*, ch. 13.

(3) *Histoire de la République romaine*, t. 1, p. 22.

cité romaine, *urbs* (1), est emprisonnée dans les limites de ce fossé, prétendu infranchissable, que la charrue a tracé autour de son enceinte, et l'époque où le droit naturel, aidé par l'habileté du Préteur, aura brisé les entraves du droit strict.

Si nous nous demandons qui est venu combler cet abîme, nous répondrons : le droit honoraire d'abord, qui assure, après bien des efforts, l'égalité civile des plébéiens, représentés par Niéburh, sans aucun droit, à l'origine, vis-à-vis de l'aristocratie patricienne; l'étranger, ensuite, qui frappera sans relâche aux portes de Rome, avec son bâton de voyageur, lui apportant aussi l'équité, en échange du titre de citoyen.

« Toutes les nations escaladeront, à leur tour, cette roche « du Capitole, où siége la curie, le sénat. L'héroïque aristo- « cratie qui s'y est enfermée et y défend l'unité sacrée de la « cité, luttera vigoureusement : il faudra deux cents ans aux « plébéiens, aux Latins, pour y monter; deux cents ans pour « les Italiens (jusqu'à la guerre sociale); trois siècles pour les « nations soumises à l'Empire (jusqu'à Caracalla et Alexandre- « Sévère); deux de plus pour les barbares (410, prise de « Rome par Alaric) (2). » Mais qu'importe une question de temps pour le triomphe du spiritualisme sur le matérialisme, de l'équité sur la formule!

Dans notre étude de la condition de l'étranger à Rome, nous le considérerons, en conservant au sujet le cadre historique qui lui appartient, d'abord sous la période religieuse et civile, en second lieu sous la période prétorienne, au point de vue des droits de cité, de famille, de propriété, des obligations et des actions.

(1) Ce mot *urbs* tirait son origine du sillon que traça la charrue des fondateurs de Rome : « Urbs ab *urbo* appellata est : *urbare* est aratro definire. » ff. l. L. T. 16, § 239 — § 6.

(2) *République romaine*, liv. 1, ch. 2, p. 131.

SECTION PREMIÈRE.

ROME PRIMITIVE, RELIGIEUSE ET CIVILE.

CHAPITRE PREMIER.

Quels furent les étrangers dans cette première période?

Les *Latins*, les *Sabins* et les *Etrusques* paraissent avoir formé la population première de Rome; avant de se réunir au bord du Tibre, ces peuples étaient sans doute parvenus à un certain degré de culture sociale; aussi trouvons-nous, dès l'origine, chez le peuple-roi, des institutions qui portent l'empreinte d'une civilisation déjà formée (1).

Du caractère de ces trois peuples on pourrait peut-être induire quelle sera la constitution de Rome naissante. — « Un sentiment national très exalté règne chez les *Latins*; il est patient, tenace, avare, régulier, circonspect, avide et méfiant » (2). Ces qualités ou ces défauts se changeront en esprit de conquête. « Le caractère des *Sabins* est rude, leur religion sauvage, leur despotisme brutal. » Rome sera tyrannique et absolue; tout pliera devant sa politique utilitaire; la constitution de la puissance paternelle ou maritale portera chez ce peuple l'empreinte d'une autorité jalouse et sans contrôle. Enfin les *Etrusques*, qui avaient probablement reçu des Pélasges les premières notions des arts et de la religion (3), pour qui la grande affaire étaient les cérémonies religieuses, et le gouvernement un mélange d'aristocratie mystérieuse et de sombre féodalité (4),

(1) C'est ce qu'a voulu peut-être figurer Plutarque lorsqu'il parle du fossé creusé autour du comice : « A la fin, chacun y mit une poignée de terre qu'il avait apportée du pays d'où il était venu; après quoi l'on mêla le tout ensemble et l'on donna à ce fossé, comme à l'univers même, le nom de *mundus*. » In vitâ Romuli.

(2) M. Ch. Giraud, *Histoire du Droit romain*, introduction.

(3) *Ibid.*, p. 11.

(4) M. Soloman, *Essai sur la condition des étrangers*, introduction, p. xxx.

nous sont pressentir le caractère éminemment religieu sera du pontife et de l'oracle le chef de l'État, et cette su rité intellectuelle qui placera Rome à la tête des nations (1).

Les peuples qui précèdent le peuple Romain ont dû passer par la vie héroïque avant d'atteindre la vie civilisée (2); aussi ont-ils donné la première place aux dieux domestiques, tandis qu'à Rome les dieux de l'État dominent les *sacra privata* de la vie municipale (3); la *cité* romaine remplacera bientôt le *temple* Etrusque, et dans cette cité viendra se confondre l'univers.

L'augure Etrusque a posé sur la religion les premières bases de l'édifice social de Rome. On sait avec quelle poésie Tite-Live nous a transmis le souvenir plein de gravité des cérémonies étrusques (4) : *L'agrimensor*, augure et pontife, debout, la tête voilée, décrit, avec son *lituus* ou bâton courbe et sans nœuds, *le templum* (*a contemplare*), dont il emprunte l'image au ciel même, après avoir invoqué les dieux; ce *templum*, formé par la division de lignes imaginaires qui coupent l'espace en quatre régions et se divisent en seize carrés (5) qui se subdivisent à leur tour, représente *la cité* primitive et la répartition du sol entre les seuls citoyens. C'est pour obéir à *Jupiter* lui-même, que les terres devaient être ainsi partagées : *scias mare ex ethere remotum*, dit un fragment d'une cosmogonie étrusque, *cum autem Juppiter terram hetruriæ sibi vindicavit, constituit jussit que metiri campos signari que agros;* « c'est de cette division religieuse que parle Cicéron en l'attribuant à Romu-

(1) V. Lessi, *Dissertatione sopra le leggi etrusche, e l'adozione che ne fecero Romani*; Mémoire de l'Académie étrusque de Cortone, t. IX, Florence 1791; cité par M. Ch. Giraud. *Ibid.*, p. 44, note 1.

(2) Vico, *Philosophie de l'histoire.*

(3) M. Soloman, introduction, XXIX et XXX.

(4) Tite-Live I, § 18.

(5) Varro, *de Lingua latina*, lib. VI : « *Templum tribus modeis dicitur, ab « natura, ab auspiciis, in terra; ab similitudine sub terra.* »

lo: ac primum agros quos bello ceperat divisit viritim inter cives (1). »

Les imprécations les plus sévères étaient prononcées contre ceux qui touchaient à cette propriété sacrée, qui déplaçaient ces limites qu'un dieu avait voulu protéger en y posant lui-même son immobile représentation : « Qui contigerit moveritque possessionem promovendo suam alterius minuendo, ob hoc scelus damnabitur a Diis! » L'adoration de Jupiter Terminal dût être dès lors la condition première de la participation aux droits de cette association religieuse; et, de même que les limites du champ sans murailles, mais gardées par les dieux, excluent le vagabond qui n'est pas entré dans cette communion, de même les murs du *templum* ou de la *cité primitive* excluront le profane, l'ennemi ou le barbare.

Cependant, dès cette époque, un grand nombre d'étrangers sont venus grossir la population de Rome, et la ville éternelle les adopte pour ses enfants.

Rome naissante a ouvert un asile (2) et s'est assimilé, par ce moyen, des villes et des peuples entiers. Le voisin, l'esclave étranger qui échappait à la poursuite de son maître, le malheureux débiteur qui cherchait à se soustraire aux exigences d'un créancier ou à une condamnation pénale, tous ceux enfin qui reconnaissant la supériorité de la dominatrice future de l'univers, se présentaient à elle en amis (3) et l'adoptaient pour patrie, étaient reçus avec faveur dans ce *vetus urbes condentium consilium* (4). Voici comment cet asile est apprécié par Cicéron : « *Illud vero, sine ulla dubitatione, maxime nostrum fundavit imperium et populi Ro-*

(1) *De Rep.* II, § 14.

(2) Plutarch., Romul., ch. 9 et 10. — Denys d'Halic., II-16, III-31, IV-23.

(3) C'est un trait caractéristique de sa politique :

« *Parcere subjectis, et debellare superbos!* »
(Virg., *Enéide* VI, v. 854.)

(4) Tite-Live.

mani nomen auxit, quod princeps ille, creator hujus urbis, Romulus, fœdere sabino docuit, etiam hostibus recipiendis, augeri hanc civitatem oportere; cujus auctoritate et exemplo nunquam est intermissa a majoribus nostris largitio et communicatio civitatis. » Et Tacite ajoute encore : « *Conditor noster Romulus, tantum sapientia valuit ut plerosque populos, eodem die hostes dein cives, habuerit* (1). »

Ce droit d'asile qui se produit dès que Rome religieuse essaie ses premiers pas, semble étrange. — Comment une société si exclusive ouvre-t-elle ainsi ses portes aux vagabonds et aux ennemis ?...

De la solution de cette question dépend, ce me semble, celle de difficultés fort graves et pleines d'intérêt, notamment celle de savoir quels furent, dans cette première période, les étrangers à Rome. En effet, jusqu'à nos jours, indépendamment de l'anomalie que nous présente la création de l'asile à cette époque d'exclusivisme religieux, anomalie sur laquelle on n'a peut-être pas assez insisté, on s'accorde peu sur la question de savoir si les plébéiens, qui ont peuplé cet asile, jouissaient dès le principe du titre de *citoyens* romains et d'un partage égal dans la propriété quiritaire (2) ; ou bien s'il faut les considérer comme une classe entièrement distincte des patriciens (3), s'ils furent à Rome les premiers étrangers, les premiers qui eurent à conquérir le droit si recherché de la cité romaine ; et, si l'on acceptait enfin la première opinion, il resterait à expliquer l'importance si remarquable du *jus applicationis*, ou rapports des clients avec les patrons, droit que Cicéron appelait, du reste, avant nous ; *obscurum sane et ignotum*.

Sur un sujet aussi délicat, je serais heureux, pour concilier des idées antagonistes, si je pouvais offrir une théorie vrai-

(1) *Ann.*, lib. XI, ch. 24.

(2) Montesquieu, *Esprit des Lois*, liv. XXVII, chapitre unique.

(3) Niéburh, *Histoire romaine*, t. II, p. 164 ; t. III, p. 175, 211 ; t. IV, p. 30, 164, 171, 195.

semblable; car, selon l'expression de M. Michelet, « dans une histoire si obscure et si confuse, le vraisemblable est déjà beaucoup (1)! »

Quels furent donc les premiers fondateurs de Rome? La donnée de l'Enéide est-elle exacte, et après avoir longtemps erré sur les mers, la flotte dont le dernier départ alluma le bûcher de Didon, vint-elle enfin se reposer ici de ses longues fatigues? Ou bien Romulus fils d'Ilia, échappant à la colère d'Amulius, nourri miraculeusement par une louve, a-t-il réuni autour de lui cette bande d'hommes des forêts qui aurait fondé sur la force cet empire, dont Cicéron a cru pouvoir dire: *Silvestris belluæ sustentatus uberibus* (2)?... — *Vico* pensait que ces fondateurs étaient un collége de prêtres, dispersés peut-être par la révolution qui dissémina les Pélasges jusques dans l'Italie (3). Cette opinion seule me paraît se rapprocher de l'exactitude: Romulus a été le chef de groupes religieux ou de familles aristocratiques qui, de l'Etrurie, du Latium, ou du pays des Sabins, se sont arrêtés sous sa conduite vers la pointe du Delta formé par l'*Anio* et le *Tibre*. Qui peut dire comment s'était opérée cette réunion de familles patriciennes?... Sans doute qu'elles furent guidées par une de ces mille nécessités auxquelles obéissent les hommes, souvent à leur insu, lorsque la volonté divine en fait les instruments de ses desseins.

Entre ces familles aristocratiques seules, s'est fait le partage des terres dont j'ai parlé.

Jusqu'ici il n'est donc nullement question de *plebs* ou de classes inférieures; l'égalité la plus parfaite règne encore dans les droits; la conquête (*agros quos bello cœperat*) est due aux efforts communs; aussi la distribution va-t-elle chercher, dans ces familles, les plus pauvres comme les plus riches (4).

(1) *Histoire romaine*, I, ch. 2.

(2) *De Repub.*, lib. II, § 11. — Plut., ch. *in vitâ Romuli*.

(3) *Philosophie de l'histoire*.

(4) « Πᾶσαν ὁ Νουμᾶς διένειμε τοῖς ἀπόροις τῶν πολιτῶν. » Plutarch., *Numa* XVI, p. 282. — Divisit viritim inter *cives*.

Toutes égales, ces familles aristocratiques se suffisent quelque temps à elles-mêmes; elles forment ces *gentes*, c'est à dire ces familles libres, *gentiles* ou *majores*, unies entre elles par le même lien politique, par les mêmes *sacra* (1); mais ce temps n'est pas d'une longue durée; une ambition excessive les absorbe; elles ne peuvent pas lier le monde avec leurs seules mains; livrée à ses propres ressources cette aristocratie périrait, elle a besoin pour vivre de s'appuyer sur des classes inférieures; ces classes n'existent pas encore, il faut les créer :

C'est alors que l'asile devient une nécessité, et Rome naissante en ouvre les portes...

Bientôt après le voisinage hostile et déjà redoutable de Rome fait désirer à ses voisins de se placer sous sa sauvegarde; l'*hospes* qu'elle reçoit se montre de toutes qualités, arrive de tous pays; ces étrangers amenaient souvent avec eux, au dire de Michelet (2), un grand nombre de clients et d'esclaves, et se trouvaient quelquefois plus riches et plus distingués que leurs patrons; c'est ce qui m'autorise à expliquer, dans mon sens, un passage de Cicéron, à l'aide duquel on croit repousser l'opinion que le droit exclusif à la propriété de l'ager primitif résidait sur la tête des seuls patriciens : « *Cum honore longe antecellerent* (les patriciens), *cœteris voluptatibus erant inferiores nec pecuniis fermè superiores*, dit cet auteur. » Cette fortune qu'ils avaient pu apporter avec eux, ils n'avaient pas eu à en remercier la libéralité de Rome.

A cette époque apparaît la démarcation bien tranchée qui sépare les citoyens primitifs *optimo jure*, et ces autres citoyens *non optimo jure*, qui ne sont pas à proprement parler *citoyens*, mais qui font pourtant partie du *populus*, comme l'espèce fait partie du genre (3); ceux-ci ne possèdent que les droits qu'ils

(1) V. Puchta, *Institutes*, t. I, p. 126 et 128, édition de 1845. Cité par M. Etienne, *Institutes expliquées*, t. I, p. 2, note 1re.

(2) *Histoire romaine*, I, 150.

(3) *Plebs a populo differt quo species a genere. Plebis autem appellatione sine patriciis et senatoribus, ceteri cives significantur.* — *Inst.*, lib. I, tit. 3, § 4. — Brissonius, *hoc verbo*.

tiennent de la concession patricienne, ils sont regardés pendant longtemps comme une classe inférieure et presque maudite : « *Plebs ad id maxime indignatione exarsit, quod auspicari, tanquam invisi diis immortalibus negarentur posse* (1) ! » Comment en aurait-il été autrement ? Nouveaux venus, ils avaient conservé le culte de leur patrie, lorsque c'était le culte des patriciens qui formait la religion de l'État (2).

Que si on oppose que la *plebs* eut le *commercium* ou droit de propriété privée (3), en concluant de cette donnée première que la privation des alliances patriciennes, du *jus connubii*, et le refus du *jus honorum*, étaient les seules incapacités qui la séparaient des classes supérieures, je répondrai de nouveau que ce *commercium* fut une *concession*; qu'elle a pu n'être ni bien large ni bien complète à l'origine (4). Ce *commercium* que Rome en définitive n'eut pas pu refuser aux plébéiens sans se blesser elle-même, elle ne le leur accorda guère, au commencement, qu'à la condition de ne pouvoir le faire respecter en justice sans l'intervention d'un *patron*; aussi lorsque Rome leur offrait des terres à *antium*, loin de les accepter avec joie, ils réclamaient la propriété *quiritaire* du sol romain, objet de leurs convoitises et de leurs luttes !

Si les plébéiens n'avaient pas constitué la première classe des étrangers dans la cité Romaine, Romulus n'aurait pas eu besoin de leur accorder le *jus suffragii*; Tarquin n'aurait pas eu à permettre l'entrée du sénat à cent d'entre eux (*patres conscripti*...); Servius-Tullius n'eût pas songé à leur accorder une

(1) Denys d'Halic., IV, 6.

(2) V. M. F. Laurent, *loco citato*, t. III, p. 47.

(3) L'exclusion juridique des plébéiens de *l'ager publicus* au moins est plus que probable ; il est certain qu'elle existait en fait.— V. F. Laurent, III, p. 47 à la note 3, et les auteurs allemands cités par lui.

(4) « Les clients, dit Niebuhr, recevaient quelquefois de leur patron du terrain pour bâtir, avec deux acres de terre labourable. » Concession analogue, d'après M. Michelet, aux *précaires* du moyen-âge. — *Histoire romaine*, t. I, p. 141 aux notes.

place dans les comices par centuries; la création des *Tribuns*, en 260, n'eût pas été regardée comme une véritable conquête; ils auraient été consuls avant 387, censeurs avant 410, préteurs et édiles avant la concession formelle de ces prérogatives. Ils n'eussent pas eu un mariage à part, basé sur la *coemptio;* égaux aux patriciens, ils eussent pu s'allier avec eux avant la loi Canuleia, et leurs plébiscites eussent été obligatoires sans les lois Valeria-Horatia (305), Publilia (416), et Hortensia en 468. Enfin la clientèle n'eût pas eu un sens arrêté et une telle importance, si elle n'avait été un moyen d'aider à franchir une barrière; le plébéien ne se fût pas soumis à cette protection douteuse; il n'eût pas, comme le serf du moyen-âge, laissé à sa mort tous ses biens au patricien, pour le récompenser de lui avoir servi d'introducteur dans la vie civile, et lui avoir fait rendre justice (1).

Concluons donc avec M. L. Etienne, dans ses Institutes expliquées (2), que « tout membre de la cité romaine organisée en tribus était patricien, et nul autre que le patricien n'était citoyen romain. — Les plébéiens étaient des vaincus. — Aux patriciens seuls appartenaient le pouvoir et l'exercice des droits. »

Ce serait sortir d'une étude qui doit avoir plus spécialement pour objet la condition des *peregrini*, ce serait faire l'histoire de l'acquisition du droit de cité romaine (sujet au-dessus de notre temps et de nos forces), que de montrer les plébéiens et les villes que Rome sacerdotale et royale s'assimila dans cette première période (3), élargir chaque jour l'enceinte de l'asile,

(1) Michelet, *Hist. romaine*, I, 176 — 167.

(2) L'opinion que les patriciens ont joui seuls de tous les droits, à l'origine, est enseignée notamment par MM. Charles Giraud et Vico, *Introduction à l'histoire*, p. 37 et 45; F. Laurent, p 45, note 1; p. 59; E. Barry, professeur d'histoire à la Faculté des Lettres de Toulouse, *Manuel :* « Le peuple, dit cet auteur, n'avait alors ni terres, ni biens, ni droits religieux, ni droits politiques; » Michelet, *Histoire romaine*, I, 167.

(3) Parmi ces peuples que la politique romaine incorporait de gré ou de force, leur accordant la jouissance de tout ou partie des droits civils selon leur fidélité à sa cause, on peut citer, Albe (*roma crescit albæ ruinis*), les Sabins, les Veiens, les Falisques, les Capenates, etc., etc. V. [illegible]

former, 240 ans après la fondation de Rome, une population de 130,000 habitants (1), « constituer à Rome le principe d'extension, de conquête, d'agrégation, contre celui d'exclusion, d'unité, d'individualité nationale (2), » jusqu'au jour où, de révoltes en révoltes, de concessions en concessions, la plebs entre en possession de la cité romaine (3).

Rome a conquis à peine une population considérable et une armée, qu'elle ferme l'entrée de *l'asile*; l'étranger sera désormais ennemi, *hostis*. La politique romaine cherche à réaliser la domination universelle (4); elle attirera à elle l'étranger qu'elle n'aura pas soumis par les armes, en lui donnant une haute idée de sa toute-puissance; savante et rusée, elle saura lui faire envier ce beau titre de citoyen, par lequel on est tout et sans lequel on n'est rien; et nous la verrons, dans la suite, accorder ce titre avec une jalouse parcimonie.

En attendant, nous sommes autorisés à conclure, en toute sécurité, que les étrangers, proprement dits, restent ceux qui n'appartenaient pas à la classe des patriciens et des plébéiens, ou qui n'avaient pas conclu avec Rome un traité d'alliance (5).

CHAPITRE II.

Quelle fut la condition des étrangers dans cette première période ?

Pour se rendre un compte exact de la position des étrangers sous la période religieuse et civile de Rome, nous avons

(1) Plutarch., *publicola* 13.

(2) Michelet, *Histoire romaine*, I, 134.

(3) V. sur cette lutte M. F. Laurent, liv. III, p. 47 à 62.

(4) Ses destins lui ont promis l'empire du monde :

> Excudent alii spirantia mollius æra,
> Tu regere imperio populos, Romane memento!

(5) *Fœdus æquum — fœdus iniquum*, selon le degré d'égalité qu'ils établissent entre Rome et les cités qui les obtiennent. — V. M. Ch. Giraud, Introd., p. 110. — « C'était la victoire, dit Montesquieu, qui décida s'il fallait dire, en « matière de traités, la foi punique ou la foi romaine. » *Esprit des Lois*, XXI, 2. — V. M. F. Laurent, III, p. 22. — Machiavel, *Discours sur Tite-Live*, t. II, p. 18.

annoncé devoir l'étudier au point de vue de la cité, de la famille, de la propriété, des obligations et des actions.

L'exclusion absolue des prérogatives dont jouissait à Rome le citoyen, tel est le premier terme de la condition de l'*hostis* et du *peregrinus* (1). Les principes de Rome religieuse et aristocratique sont les mêmes que ceux de Rome aristocratique et civile. Au début, c'est le pontife qui préside aux solennités du Droit civil et en repousse l'étranger au nom des dieux de l'Etat, du dieu *Terme* et de la *Vesta* domestique (2). Un peu plus tard, ce sont de nouveaux dieux, des textes inflexibles qui résument les coutumes aristocratiques des patriciens, et, animés du même esprit, produisent des effets identiques.

§ 1. *Cité.* — L'ennemi ne peut s'avancer de la ville (3); des tombeaux sacrés bordent les routes qui y conduisent; les dieux mânes protégent les murailles qui l'entourent (4); le pérégrin, sous la période civile, sera admis à visiter la future capitale du monde, mais son séjour devra être de courte durée; qu'il se presse : « *nihil præter negotium suum gerere, nihil de alio inquirere minime que in aliena republica curiosum esse!* » Tel est le devoir que lui trace Cicéron. Il pouvait, du reste, être à chaque instant impitoyablement chassé de l'enceinte de Rome.

Il n'est pas citoyen! La cité! « Ce mot nous rappelle le *civis sum romanus!* qui, à lui seul, signifiait tant de choses, » dit M. Ortolan (5); à lui seul il signifiait tout! Le Romain lui-même qui perd ce titre n'est plus rien, *numero civium tollitur*,

(1) « *Hostis apud majores nostros is dicebatur quem nunc peregrinum dicimus.* » Cicér., *de Off*, lib. 1, ch. 37.

(2) V. M. Ch. Giraud, *Propriété : du culte du dieu Terme*, p. 80; *du culte de Vesta*, p. 69.

(3) *Lex vetat peregrinum in murum ascendere.* Note de Godefroy sur le titre 21 du livre VI, au Code, l. 1.

(4) V. M. Soloman.

(5) *Généralisation du Droit romain*, p. 9, § 2.

dit Gaius (1). Tout repose, à Rome, sur cet idéal, la Cité (2). Cette pensée domine à l'origine toutes les institutions : la famille, la propriété, les obligations. Qu'est-ce, en effet, que la cité, dit énergiquement Cicéron, si ce n'est la société du Droit ? *Quid est enim civitas, nisi juris societas* (3) ? C'est là le secret de la condition de l'étranger à cette époque : N'étant pas associé au Droit de Rome, il n'est rien ; il est assimilé à celui auquel une condamnation a enlevé la vie civile (4). Aussi le traite-t-on avec un superbe mépris ; son nom l'indique du reste : c'est *l'ennemi ;* on dut agir envers lui comme envers ceux qui portaient réellement ce titre ; et l'on sait que, dans les premiers temps de Rome, la guerre avait conservé un caractère farouche et qu'aucun principe de Droit international humain n'avait été révélé à ce peuple (5). L'étranger ne pouvait revêtir la toge romaine qui rappelle la *gens togata* et qu'un citoyen ne pouvait quitter sans crime pour le manteau grec (6). Il portait le *pallium* (7). Il ne pouvait se servir des *prænomina*, qui appartenaient à l'institution de la *gentilité* romaine, ce qu'exprime Brisson par ces paroles : *Permagni interesse ad civitatis decus ornamentum que, existimavit Claudius, ne nominum quidem societate peregrinis cives romanos conjungi* (8).

(1) *Comm.* I, § 128.

(2) M. F. Laferrière, *Histoire du Droit*, liv. I, ch. 4, p. 53. — Voyez encore Michelet, *Histoire romaine*, I, p. 137, édit. de 1833.

(3) M. Laferrière, *Hist.*, I, p. 39 et 40. — Ortolan, *Hist. du Droit romain*, I, ch. 11.

(4) V. la loi 17, ff. XLVIII, tit. 19, § 1.

(5) V. M. F. Laurent, t. III, p. 9 et suiv. — Lactance, *Inst. divin.*, VI, 9 : Une guerre est *juste*, serait-elle la plus inique du monde, dès que les féciaux ont rempli certaines cérémonies religieuses. — Les Romains s'emparoient sans scrupule des biens et des personnes des ennemis : « Quod autem ex nostro ad eos pervenit illorum fit et liber homo noster ab eis captus servus fit et eorum idemque est stabilis quid ad nos perveniat. » L. 5, § 2 ; ff. XLIX, 15.

(6) Cicéron, *Oratio pro balbo posthumo*, ch. 10.

(7) L. 32, ff. XLIX, 15. — Lettres de Pline, IV, 11 ; VII, 3. — Suétone, *Claude*, c. 25. — Cicéron, *ad famil.*, XIII, 30, 35.

(8) *Antiq.*, I, 13.

Ce fut un crime (*crimen peregrinitatis*) de dissimuler sa qualité d'étranger, et l'usurpation du titre de citoyen s'expiait par la perte de la vie, aussi bien que l'usurpation des *prænomina* : « *qui falso se pro cive romano gerebat peregrinitatis* « *reus erat, imò vero peregrinæ conditionis homines gentilia ro-* « *manorum nomina assumentes, civitatem q. rom. usurpantes* « *securi percutiebantur*(1). » Du reste, on assimilait à la collation du droit de cité la permission de porter la toge romaine : « *Pro civitate donari vulgo dicebatur*, dit Godefroy (*loco citato*), *usum togæ romanæ accipere.*

Longtemps après le premier âge de Rome, l'orgueil romain s'indignait à la pensée que l'étranger pouvait participer au droit de suffrage, de milice (2) ou au *Jus honorum* (3); n'est-ce donc rien d'être né ingénu? d'avoir respiré en naissant l'air du mont Aventin?

« Non possum quirites
« Ferr : grecam urbem !...
« Quid Romæ faciam?
« Horum ego non fugiam Conchylia? me prior ille
« Signabit? Fultus que toro meliore recumbet
« Advectus Romam quo pruna et coctona vento?
« Usque adeo nihil est quod nostra infantia cœlum
« Hausit Aventini, bacca nutrita Sabina (4)? »

Je crois entendre encore éclater l'indignation de T. Manlius, lorsque les Latins demanderont, sans l'obtenir(5), par la voix d'Annius, la cité romaine : « *Conversus ad simulacra jovis : audi, Jupiter! hæc scælera, inquit! Audite, jus, fasque, peregri-*

(1) Suétone, *in Cesare Claudio.*

(2) L. 6 et 7; ff. *qui militari possunt.*

(3) La loi *Barbarius Philippus* validait, par exception, en faveur des Romains, les actes passés par l'étranger investi, par erreur, d'une fonction publique. ff. *de Officio pretor.*

(4) Juvénal, *Sat.* III. — V. encore *Sat.* VI, v. 298 et suiv.

(5) V. *infrà.*

nos consules et peregrinum senatum in tuo, Jupiter, augurato templo, captus atque ipse obpressus, visum est (1) *!!!* »

§ 2. *Famille.* — On distingue deux familles dans Rome primitive : la famille par excellence, la *gens*, d'où dérive le droit de gentilité romaine ; les *Patres* l'ont formée ; mais à côté se place bientôt la *familia* proprement dite, celle de la *plebs*, s'organisant, s'il faut en croire M. Guérard (2), sur de tout autres bases que celles de la famille aristocratique.

Quoi qu'il en soit, la *gens* s'élève trop au-dessus de la *familia* elle-même, pour que j'aie besoin de dire que l'étranger en est exclu ; mais de même qu'il ne peut s'unir à la *gens*, l'étranger ne peut avoir à Rome le droit de famille romaine et les prérogatives qui en dépendent ; ce droit repose en effet sur l'idée générale de la cité et sur celle de la propriété, soit quant aux modes de sa constitution, soit quant aux effets qu'il produit ; elle présente au plus haut degré ce *jus proprium civitatis* qui n'a de ressemblance avec celui d'aucun peuple et que le législateur n'a organisé que pour le peuple romain.

Le *pater familias*, cette majesté domestique (3), est propriétaire absolu de tous les siens et de tout ce qu'ils possèdent ; sous sa puissance sans contrôle, les enfants et la femme tombée *in manus* (Gaius, I, § 108) sont sans droits (4) ; (la puissance dominicale n'est guères plus énergique) ; il peut tuer sa femme, son enfant ou le vendre ; leur personne s'absorbe dans celle du *chef* : jouer un rôle dans la vie civile n'appartient qu'à ce dernier. Plus tard, le père se servira de ses

(1) Tite-Live, lib. VIII, cap. 5. — V. Martial, *Épigramme* XI, 96.

(2) *Hist. du Droit privé des Romains.* — Ce système est résumé à la page 5 du *Manuel* de M. Lagrange, docteur en droit.

(3) Valère-Maxime (II-1-6), nous parle de *l'honor virorum majestati debitus.*

(4) Gaius, I, 33-53-113-118-141-166 ; II, 193-86 : 90-98 ; III, 3. — L. 2, *in fine*, ff. XXVIII, 2, 7 ; l. 10, *Code* VIII, 47. — *Inst.*, tit. 9, § 2. — Suétone, *Auguste*, 65. — Valère-Maxime, V, 2. — Heineccius, *Antiq. rom.*, lib. I, t. 20, § 6.

enfants et de ses esclaves comme d'intermédiaires, ils agiront pour lui, jusqu'au jour où la faculté de se constituer un pécule les fera à leur tour propriétaires et, par cette voie, leur préparera une existence indépendante (1).

Rome donnera-t-elle à celui qui n'est pas citoyen cette puissance qui ne peut appartenir qu'aux membres de la cité, *solis civibus romanis*, et ne pouvait être exercée que sur des personnes de la même qualité (2)? Le juste mariage n'est-il pas d'ailleurs, dans la pratique, une condition essentielle pour la constitution de la puissance paternelle? Or, l'étranger n'a pas la faculté de contracter le mariage solennel et religieux devant le pontife, *Vesta* le lui défend(3); il n'a pas, plus tard, le *connubium* de la loi des XII Tables(4). Est-ce que les formalités de la *confarreatio* et de la *coemptio*, qui touchent de si près au culte public et à la propriété romaine, pourraient être accomplies par ceux qui adorent des dieux hostiles, et n'ont pas les moyens d'acquérir cette propriété (5)? *Connubium habent cives romani cum civibus romanis*, nous dit Ulpien(6); pas plus que l'esclave, l'étranger ne le possède, à moins de concession spéciale, *ita si concessum sit*(7); aussi trouverons-nous des textes qui, en partant de ce principe, excluent nommément l'étranger du droit de *justes* noces et de la puissance paternelle : *justum matrimonium est si inter eos qui nuptias contrahunt connubium sit inter solos cives justæ nuptiæ!* — *Si patri vel filio aqua et igni interdictum sit, patria potestas tollitur, quia* PEREGRINUS *fit is cui aqua et igni interdictum est, neque autem peregrinus civem*

(1) V. *infrà*, 3me partie. — Analogie à établir avec le moyen-âge en France.

(2) M. Bénech, *Programme*, p. 49.

(3) M. Ch. Giraud, *Propriété*, 1, 69.

(4) Connubium est uxoris jure ducendæ facultas. — Ulp., tit. 5, § 3.

(5) V. sur la *confarreatio* et la *coemptio*, Heinecc., *Antiq.*, lib. 1, tit. 10, § 4.

(6) Ulp., v, § 4.

(7) Ulp., v, § 4; *in fine*. — V. M. Bénech, *Programme*, p. 54 et suiv.

romanum neque civis peregrinum in potestate habere potest (1).

L'enfant même né d'un étranger et d'une femme qui possédait la cité, restait étranger, malgré la faveur du principe : *connubio non interveniente conditioni matris accedit*; la loi Mensia le voulait ainsi et lui attribuait toujours la condition la plus défavorable; il en était de même de l'enfant né d'un citoyen romain et d'une latine, il était latin : *ex cive romano et latina latinus nascitur* (2).

L'étranger jouissait-il des autres moyens à l'aide desquels l'on entrait dans la famille romaine, ou par lesquels on pouvait en exercer les droits? Je veux parler de la capacité active ou passive de l'*adrogation*, de l'*adoption* et de la *tutelle*.

L'*adrogation* était l'adoption consentie, devant le pouvoir législatif, d'une famille tout entière qui allait se fondre sous la puissance d'un nouveau chef; elle n'avait lieu qu'entre ceux qui pouvaient donner ou perdre ces droits importants de famille, et se présenter devant les comices (3).

L'*adoption* active est « l'acte solennel par lequel un citoyen romain acquiert, par le seul effet du Droit civil, la puissance paternelle sur une ou plusieurs personnes. » Comment l'étranger pourrait-il exercer ce *jus proprium*, s'il en fût? pourrait-il se rendre devant le magistrat et y figurer dans les ventes fictives à l'aide desquelles le père se démettait de sa puissance, et l'adoptant, revendiquait l'enfant comme sien (4)?

L'esclave pouvait être adopté. L'étranger pouvait-il l'être aussi? Je pense que l'adoption particulière d'un étranger n'ayant été permise par aucune loi, comme celle de l'esclave, eût constitué un contrat civil, dont une des parties au moins n'aurait pas été capable; adopter c'est d'ailleurs faire entrer dans la famille, c'est créer en faveur de celui qu'on adopte

(1) Ulp., x, § 3.
(2) Ulpien, v, § 8.
(3) Inst. de Justinien, *de Adrog.*
(4) Inst. de Justinien, *de Adoptionibus.*

l'expectative d'être un jour *sui juris*, *pater familias*, héritier! Et la politique romaine pouvait-elle permettre à la volonté individuelle de créer ainsi des chefs de famille dans l'État! L'asile adoptait seul, la clientèle vint ensuite, en attendant la concession des droits de cité qui comprenaient les droits de famille.

Les mêmes principes s'appliquent à la *tutelle* du romain sur l'étranger, et de l'étranger sur le romain. — L'étranger mineur pût-il invoquer le bénéfice de la tutelle romaine? A quoi bon une représentation pour des intérêts absents, puisque l'étranger est sans droits dans la *cité* romaine. En second lieu, comment supposer, activement, cette *vis ac potestas in capite libero* exercée par un *ennemi*, par un *pérégrin*, qui ne fait que passer à Rome? Ces idées ne sont-elles pas inconciliables? Mais du moins la loi romaine reconnaissait-elle à cette époque la tutelle telle qu'elle était, réglée par les lois personnelles de l'étranger? Je ne pense pas qu'on ait à s'occuper de cette question, avant l'époque où la création d'un Préteur spécial permit au pérégrin d'invoquer un droit ou une qualité en justice.

Exclu des droits de famille, l'étranger se trouvait par là même privé de ceux qui résultaient de l'*agnation* romaine, cette parenté artificielle créée par le Droit civil à côté de la parenté naturelle, et à laquelle était attribuée la succession *ab intestat* (*sui heredes*...) (1). L'étranger ne pouvait donc continuer *la personne*, et les *sacra privata* (2).

§ 3. *Propriété*— En parlant des principes qui ont présidé à la formation de Rome théocratique, j'ai fait pressentir avec quelles difficultés le *templum* céderait à l'appropriation étrangère; le dieu Terme ne recule pas même devant Jupiter (3)! Le

(1) Inst. de Justinien, liv. III, tit. 1, tit. 2, tit. 3.

(2) Sénèque, *de Benef.*, IV, 33. — Mulhembruck, *sur les Antiquités romaines d'Ennius*, append., liv. I, ch. I, § 71.

(3) Saint Augustin, *de la Cité de Dieu*, IV, 23, 29.

caractère de la loi des XII Tables ne sera pas moins exclusif :

Une grande division, fondée sur les différents modes d'acquérir, reconnus par le Droit romain, distinguait les *choses* en deux classes : 1° les *res mancipi*, et 2° les *res nec mancipi*.

Les premières étaient celles que les Romains, à l'origine, regardèrent comme les plus précieuses (1); les secondes comprenaient toutes celles qui n'étaient pas rangées dans la première catégorie (2).

Les *res mancipi* ne pouvaient être transmises que par certains modes de Droit *civil*. — Les *res nec mancipi* se transmettaient par les modes du droit des gens reconnu par le Droit civil (3).

Mais, dans la première période qui nous occupe, l'étranger put-il prétendre à l'acquisition tant des *res mancipi* que des *res nec mancipi?*... Notre réponse négative est facile à justifier.

A Rome, à cette époque, nous atteste Gaius (4), ou l'on était propriétaire d'après le droit des *Quirites*, ou l'on n'était pas réputé propriétaire. L'idée de *cité* reparaît ici toute entière, et elle s'imprime sur les modes eux-mêmes auxquels l'appropriation devra son origine. Il suffira de les parcourir pour s'en convaincre :

1° *Modes du Droit civil.* — Les moyens civils d'acquérir la propriété romaine sont : la *mancipatio*, *l'in jure cessio*, *l'usucapio*, *l'adjudicatio* et *la lex*.

(*a*) *Mancipatio* (5). La *mancipatio* était le mode le plus ancien

(1) V. Gaius, *Comm.* II.

(2) *Ibid.*

(3) *Ibid.*

(4) « *Quo jure etiam populus romanus olim utebatur : aut enim ex jure quiritium dominus erat, aut non intelligebatur dominus.* » *Comm.* II, § 40. — V. M. Ch. Giraud, *Propriété*, ch. 3, § 2, p. 209 et 217.

(5) V. M. Ch. Giraud, *ibid.*, I, p. 217 et suiv., sur la *mancipatio*.

d'acquérir la propriété quiritaire (1); elle avait le caractère d'une vente fictive, *imaginaria venditio*, et s'accomplissait en présence de cinq témoins au moins, citoyens romains, pubères, et du *libripens* qui tenait une balance d'airain; la personne qui recevait en *mancipatio* appréhendait la chose et prononçait en la tenant des paroles sacramentelles (2); sur l'invitation du mancipant, celui qui recevait à *mancipe* frappait la balance avec le lingot d'airain (3) et le donnait comme prix de la vente. Le libripens représentait là l'intervention de l'autorité publique, religieuse d'abord, civile ensuite, de qui en définitive émanait toute propriété (4). Ce mode d'acquisition fut réservé aux seuls citoyens : *Locum habet inter cives romanos et latinos coloniarios latinos junianos eos que peregrinos quibus commercium datum est* (5). Gaius avait dit, avant Ulpien, en parlant de la *mancipatio* : « *Quod et ipsum jus proprium civium romanorum est.* »

(*b*) L'étranger ne pouvait revendiquer *in jure*, et obtenir la cession fictive d'un droit quelconque. Dans l'*in jure cessio*, les parties, d'accord entre elles, se présentaient devant le pontife où le tribunal des centumvirs, lorsqu'il fut créé; l'acheteur jouait le rôle de demandeur, le vendeur celui de défendeur; ce dernier ne contestait pas la prétention de son adversaire, et le magistrat adjugeait, *addicebat*, l'objet de la vente des choses incorporelles à laquelle s'appliquait spécialement ce mode juridique

(1) Cicéron, *de Orat*, I, 257. — Festus, v° *nuncupata pecunia*. — Heineccius, *Antiq. rom.*, p. 369.

(2) Gaius, *Comm.* I, 119. — Ulp., XIX, § 3.

(3) « Raudusculo libram ferito. » Varron, *de Lingua latina*, V, § 163. — Festus, v° *Rodus*.

(4) V. M. Ch. Giraud, *Propriété*, 236, 237; v. aussi p. 239 : La cité romaine toute entière recouvrait, en la personne de l'Etat, la propriété des biens que possédait l'individu rayé du nombre des membres de l'Etat par la proscription.

(5) Ulp., *Frag.* XIX, § 4.

d'acquisition (1). J'établirai bientôt que l'étranger ne pouvait se présenter en justice avant que le droit des gens eût envahi la cité; l'*in jure cessio* était donc impossible pour lui, aussi bien que la *mancipatio*.

(c) Il ne put se prévaloir davantage de l'*usucapio* que les plébéiens conquirent à la longue dans leur lutte contre le patriciat (301). Tracée par l'équité, cette voie aurait été ouverte au *pérégrin*; mais il se la vit impitoyablement fermée après la période religieuse, par l'un de ces *dieux nouveaux* dont parle M. Soloman (2), le texte si connu de la loi des XII Tables : *adversus hostem æterna auctoritas esto!* Il ne fut dès lors capable que d'un fait de détention, sans force et sans garantie contre la revendication de l'ancien propriétaire entre les mains duquel le droit est resté (3).

(d) Je n'insisterai pas sur le troisième mode de transmission de la propriété romaine, l'*adjudicatio*, qui est prononcée par le juge dans les actions *familiæ erciscundæ*, *communi dividendo* et *finium regundorum*. Ces actions supposeraient encore chez l'étranger, la capacité de se présenter en justice pour l'exercice des droits d'héritier, de copropriétaire, et ces facultés principales lui font défaut.

(e) La *lex* conférait aussi la propriété. J'ai dit qu'elle appelait d'abord à la succession *ab intestat* certains parents spécialement choisis dans la famille romaine. L'étranger ne pouvait pas être *agnat*; il ne pouvait donc pas être héritier à ce titre.

Le testament, à Rome, s'appelait aussi une *loi* : *Uti super pecunia tutelave legassit pater familias, ita jus esto*; en effet, le

(1) La *mancipatio*, et non l'*in jure cessio*, s'applique aux droits incorporels suivants : servitudes rurales, usufruit, usage, droits de patronage, d'hérédité légitime, liberté par affranchissement.

(2) V. M. Soloman, p. 39.

(3) *Ibidem*. — Quelques auteurs voient même dans le texte de la loi des XII Tables qui nous occupe, l'énoncé d'un principe absolu résumant la condition de l'étranger à cette époque, et le déclarant *incapable d'un rapport de droit quelconque*. Je partage volontiers cet avis.

testament romain avait pu porter dès le principe cette qualification; l'on observait dans les comices assemblés (*calatis comitiis*), les mêmes formalités que pour la loi, lorsqu'un citoyen usait de la liberté à lui reconnue de transmettre son héritage.

L'étranger aurait-il eu la capacité de faire cette *loi* ou d'en profiter?...

La capacité active ou droit de transmettre par le testament, n'appartient pas à tous (*non licet omnibus*); elle fut exclusivement réservée à ceux auxquels la loi l'attribuait. Au citoyen, *pater familias*, est attribuée, comme au seul *propriétaire*, la faculté d'instituer un héritier; il cesse de posséder ce privilége dès qu'il perd le titre de citoyen; la moyenne diminution de tête lui fait perdre les droits de famille, et son testament est aussitôt sans objet. L'étranger qui n'est pas *citoyen* ne peut transmettre davantage. En vain on opposerait le texte d'Ulpien (*Frag.* xx, § 14) : *Is qui dedititiorum numero est testamentum facere non potest, quoniam nec quasi civis romanus testari potest, cum sit peregrinus, nec quasi peregrinus, quoniam nullius certæ civitatis civis est*; ut adversus leges civitatis suæ testetur. Ce testament dont l'étranger est reconnu capable, *adversus leges civitatis suæ*, l'exclut d'abord de la capacité du testament romain proprement dit; en second lieu, ce n'est pas à l'origine et sous l'empire du droit strict, mais seulement sous l'influence du droit prétorien, que l'étranger pourra transmettre selon ses lois personnelles. L'on sait qu'Ulpien écrit après Gaius, et Gaius ne parle pas du testament de l'étranger *adversus suæ leges civitatis*.

La preuve que l'étranger ne peut transmettre par testament, ni figurer comme témoin dans cet acte solennel, nous est encore fournie par Cujas (1) : « *Testes inquam oculatos intervenire oportet, eosque puberes et cives romanos ut ait lex XII, hoc. tit. hos omnino adhiberi oportet cives romanos, ut igitur testato-*

(1) *In titulo* XXIII, *textt libri codicis.*

rem oportet esse civem romanum..... » Je lis encore au Digeste, XXXII, l. 1, § 2 : « *Hi quibus aqua et igni interdictum est, item deportati, fideicommissum relinquere non possunt, quia nec testamenti faciendi jus habent cùm sint* ἀπολιδες *id est exlorres.*

L'étranger manque aussi de la capacité de *recevoir* par testament ou par legs, il n'a point la *faction passive*. Pour se présenter dans les comices, pour acquérir la propriété de la *familia* par la mancipation, il faut avoir le *commercium*; et le citoyen seul le possède. Si l'esclave peut être institué héritier, c'est que l'on regardait à Rome comme un déshonneur de mourir sans héritier; mais l'esclave institué et qui devient *héritier nécessaire*, acquiert en même temps la cité par l'affranchissement; cela est si vrai, que le latin junien qui n'arrive pas à la cité parfaite, ne peut pas recevoir par testament; or, comme il n'existe pas de texte qui permette au simple citoyen romain d'élever à la cité, dans son testament, un autre que l'esclave, l'étranger qui n'est pas citoyen ne peut succéder ou recevoir par legs. Aussi cette incapacité nouvelle nous est révélée par des textes nombreux : « *Qui deportantur si heredes scribantur*, TANQUAM PEREGRINI, *capere non possunt* (1). Le Digeste (2), parlant *des media tempora quæ solemus dicere non nocere*, ajoute : *Ut puta civis romanus heres scriptus vivo testatore* FACTUS PEREGRINUS *mox civitatem romanam pervenit, media tempora non nocent... legari autem eis solum potest cum quibus testamenti factio est* (3).

Résumons-nous avec Cujas (ad. tit. XXIV, 6 lib., Codicis) : « *Quemadmodum testatores et testes cives romanos esse oportet, ita etiam heredes institutos, sive scribantur, sive nuncupentur, ita ut testator et testes et heredes et legatarii etiam, omnes sint ejusdem civitatis cives. Nam* PEREGRINI *et* ADVENÆ *heredes institui non pos-*

(1) Code, liv. VI, tit. 24, l. 1, *de Hered. inst.*
(2) *Eodem titulo*, l. 28, tit. 5, fr. 6, § 2.
(3) ff. *de Leg. et fideic.*, l. 1

sunt. Imo peregrini et advenæ nullo modo habent testamenti factionem neque activam neque passivam, unde oritur, nisi factus sit civis, jus fisci bona occupare. »

2° *Voies du droit des gens.* — L'étranger pourrait-il acquérir, enfin, à l'aide d'un des moyens du droit des gens reconnu par le Droit civil?...

L'occupation transférait le domaine *quiritaire* d'une chose susceptible de propriété et qui n'appartenait à personne. Mais l'occupation suppose une possession *légale* susceptible de produire des effets *civils*; et comment considérer la possession de l'étranger comme une possession *civile*, en présence du texte de la loi des XII Tables, qui, relativement à lui, destitue ce fait de toute valeur juridique? L'étranger possédait *naturellement*, et ce qu'il occupait pouvait à chaque instant lui être enlevé sans qu'il pût se plaindre en justice.

L'accession ne pouvait pas venir ajouter entre ses mains, au droit principal d'une propriété, dont il eut fallu, tout d'abord, établir la légitimité.

Enfin, la *tradition* ne lui transmettait pas la propriété romaine; pour créer cette propriété, la *tradition* doit être précédée d'*une juste cause*, et le *commercium* manquant absolument aux étrangers, la tradition ne pouvait produire d'effet, n'ayant point de départ juridique, ni point d'arrivée.

L'étranger n'était donc pas propriétaire.

§ 4. *Obligations.* — Le système d'exclusion reposant sur l'idée de *cité*, se retrouve dans les obligations : l'étranger ne put, à l'origine, ni s'engager ni engager envers lui :

Le sort des *nexi* et des *addicti* à Rome réveille encore de nos jours la pitié; le lien qui résulte du concours des volontés donnant naissance à l'obligation, présente une rigueur particulière; le plébéien rentrant à Rome, vainqueur et ruiné, allait, pour donner du pain à ses enfants, frapper à la porte du patricien ou du riche; il empruntait, engageant son champ pour sûreté de la créance, hypothéquait sa victoire future (1), payait le taux énorme de douze pour cent d'intérêt, et, nonobstant cela, il engageait encore sa personne et sa vie (*nexum*, *nexus*, *nec suus*), *lex horrendi carminis erat!* dit Tite-Live, et l'on connait trop bien le drame sanglant qui se jouait entre le créancier et le débiteur (2). Un lien qui produisait de tels droits était trop fort, pour qu'il pût être permis à un étranger de le former et se faire adjuger ensuite les membres palpitants d'un citoyen romain.

D'ailleurs, et à cause de sa gravité sans doute, l'obligation n'était parfaite qu'après l'accomplissement de formalités rigoureuses; en dehors des paroles sacramentelles de l'obligation, la langue s'agitait sans produire de lien. La formule *spondes? spondeo, dabis? dabo*, ne pouvait être prononcée que par des romains et n'avait été faite que pour eux (3).

L'on a prétendu que l'étranger pouvait s'engager *jure jurando* (4). Cela est-il vrai dans la période théocratique? Cela fut-il possible avant que la communauté du culte s'établit entre les Romains et les vaincus? Ce ne fut que plus tard, sans doute, que le *Préteur* vint faire respecter le serment de celui qui prenait à témoin des dieux pour ainsi dire *naturalisés*.

L'étranger ne pouvait pas davantage s'engager par un contrat *littéral*; Les Romains possédaient des registres sur lesquels étaient écrits les *nomina*, les créances et les dettes, (*acceptilatio, expensilatio*), espèce de compte courant, d'actif et de passif qui faisait foi en justice; l'étranger ne possédait pas ce registre; l'eût-il régulièrement tenu, on n'aurait pas eu confiance en son écriture, il ne prêtait pas le serment *de fide tabula-*

(1) V. M. Michelet, *Hist. rom.*, I, p. 153, 154.

(2) L'on est généralement d'accord de prendre à la lettre le mot *secanto* de la loi. (Aulu Gelle, XX).

(3) Varron, V, 5. — Fœstus, V° *nectere*. — Gaius, III, § 173.

(4) M. Laferrière, *Hist. du Droit*, I.

rum, il ne put dès lors opérer les engagements et les novations dont le contrat *littéral* était susceptible.

L'absence du *commercium* et du droit d'ester en justice lui défendait d'attacher un effet juridique et une action aux contrats réels.

Les contrats de louage, de vente et de société n'étaient pas encore passés du droit des gens dans le Droit civil. A ce moment seulement l'étranger en sera capable.

Pouvait-il engager ou être engagé *quasi ex contractu?* J'ai fait pressentir que *l'adition de l'hérédité* et *l'acceptation de la tutelle* ne pouvaient pas établir de rapports juridiques entre lui et un citoyen romain. La *negotiorum gestio*, malgré la faveur évidente qui s'attache à ce contrat, ne saurait être invoquée par lui, tant qu'il n'a pas capacité juridique pour gérer les intérêts d'un citoyen; l'on peut se demander enfin de quelle utilité eût été l'immixtion d'un citoyen romain dans les affaires de celui qui n'avait rien à faire à Rome, et aucun droit à y sauvegarder. Le patronat semble seul établir à cette époque une espèce de protection pour les affaires générales de l'étranger.

En supposant que l'obligation eût pu se former il n'eût pas été possible à l'étranger de l'éteindre : nous savons, par exemple, que l'obligation par les paroles devait aussi être déliée par des paroles sacramentelles (1); l'étranger n'aurait pu, encore, éteindre une obligation par la *litis contestatio*, ne pouvant pas se présenter en justice, ainsi que nous allons l'établir...

§ 4. *Actions.* — Tout se tient dans le système que j'étudie. Il eût suffi rigoureusement d'établir que l'étranger ne jouit pas du droit de *cité*, qu'il n'a pas le *commercium* ou le *connubium*, pour laisser à l'induction le soin d'établir les incapacités qui devaient en résulter.

(1) Gaius, *Comm.* III, § 169.

La mise en action judiciaire, qu'est-ce autre chose que la manifestation la plus évidente, la plus indispensable d'un droit préexistant, sanctionné parce qu'il est reconnu ? Là où il n'y a point de droit, il n'y a pas d'action et réciproquement : l'équité concevra plus tard qu'il existe des droits sacrés auxquels on n'avait pas attribué d'actions, et leur en donnera une ; mais jusques-là, il faut que le droit soit basé sur une loi qui lui donne naissance, sur la lettre et la formule, pour produire une demande valable en justice. L'étranger est exclu des faveurs de cette loi.

Quand même nous supposerions un instant que la loi pût reconnaître des droits à l'étranger, il ne pourrait les faire respecter en justice, il en serait empêché par les *formalités* d'une procédure étroite et formaliste à l'excès. Il n'est pas supposable, dit Niéburh, que les étrangers aient pu ester en personne devant les tribunaux, avant qu'un Préteur spécial ait été créé pour eux (6). Cette opinion peut s'appuyer sur cette considération : que nous sommes encore sous l'empire des actions de la loi. Elles s'appellent *sacramentum, judicis postulatio, manus injectio* et *pignoris capio.*

Le pontife eût-il voulu servir de dépositaire dans l'*actio sacramenti* de la somme destinée à garantir le serment d'un étranger ? Les dieux de l'État peuvent-ils s'intéresser au gain ou à la perte du procès de celui qui ne pratique pas leur culte ? Le *sacramentum* ne consistait-il pas, d'ailleurs, dans des formalités ignorées de l'étranger comme du plébéien ?

L'étranger peut-il *demander un juge* (*judicem postulare*) ? Il n'y a pour lui ni magistrat *in jure*, ni arbitre *in judicio*. Dès cette époque peut-être nous pouvons constater l'existence des *récupérateurs*, mais leur mission n'est encore que de juger les différends qui s'élèvent entre romains et étrangers, relativement aux traités conclus ; leur rôle appartient alors exclusive-

(1) *Hist. rom.*, t. I, p. 558.

ment à la politique. Je parlerai de ces juges, comme juges privés, dans la seconde période.

De quel droit l'étranger eût-il donné au citoyen romain qui fesait la loi au monde, l'ordre, par la *condictio*, de se retrouver, après trente jours, devant le même magistrat pour s'y voir donner un juge?

Comment eût-il osé, celui dont le pallium recouvrait à peine un corps portant l'empreinte des verges, appréhender un citoyen romain (*manus injicere*) au milieu du forum, et le traîner devant le Préteur, pour se le voir ensuite adjugé *servi loco* (1).

Ne jouissant pas du privilége de *liberté romaine*, l'étranger pouvait en outre être condamné arbitrairement par les magistrats, toutes les fois qu'il commettait un délit (V. Terrasson, *Jurispr. rom.*)

L'étranger est donc exclu, dans cette première période, de tous rapports de droit avec le romain; *adversus hostem æterna auctoritas esto!*

Dans la seconde période, à laquelle nous passons, sa condition s'améliorera en même temps que diminuera avec rapidité, le nombre des *étrangers* eux-mêmes.

SECTION II.

CONDITION DE L'ÉTRANGER SOUS L'INFLUENCE PRÉTORIENNE ET DU DROIT DES GENS.

CHAPITRE PREMIER.

Quels furent les étrangers dans cette seconde période ?

Les plébéiens vainqueurs du principe sacerdotal, avaient obtenu la rédaction des XII Tables; mais le principe *aristocratique* avait, sous le nom de République romaine, remplacé la

(1) V. *suprà*, § 4, sur l'obligation des *nexi*. — Et sur le supplice infamant des verges : ff. XLVIII, tit. 19, l. 7; l. 8, § 3.

théocratie; les classes inférieures y avaient peu gagné; elles voulurent encore davantage.

Cherchant un aliment à donner à l'ardeur qui les tourmente, l'aristocratie les pousse à la victoire du monde; mais l'application de ce remède sera lui-même la cause la plus active de la chute du principe aristocratique, et de la dissolution de la cité; la guerre, le contact journalier qui s'établira entre les nations, donneront naissance à ce double mouvement, dont parle Michelet, qui pousse tous les peuples vers Rome, en même temps qu'il emporte, jusqu'aux limites les plus reculées, la civilisation de la ville éternelle (1).

Ce double mouvement qui fit Rome si grande, lui inspira la pensée de réaliser la *domination universelle*. Pour réunir les fractions éparses de l'unité qu'elle poursuit, elle s'assimile peu à peu les peuples étrangers qui l'entourent; les moyens dont elle se sert dans ce but sont d'abord la force irrésistible de ses armes; en second lieu, sa politique habile et savante (2) qui se révèle dans l'organisation des *colonies*, des *municipes*, dans la concession graduelle du *jus latii*, *du droit italique*, et du droit de *cité*.

Colonies. — Les *coloniæ togatæ* et les *coloniæ latini nominis*, ne doivent pas nous arrêter longtemps : c'est la cité qui se transporte en pays étranger; les membres qui la composent y jouissent des droits de cité entière ou du *jus latii*, sauf peut-être le *jus honorum* et celui d'exercer le suffrage (3).

Municipes. — Les *municipes* étaient des villes étrangères auxquelles les Romains avaient accordé en tout ou en partie

(1) *Hist. rom.*, I, 33.

(2) Machiavel, sur Tite-Live, *Discours*, II-3. — Auguste Thierry, *Hist. des Gaules*, p. 25 et 38.

(3) M. Ch. Giraud, Introd., p. 103. — V. l'appréciation des colonies par Montesquieu.

les prérogatives de la cité : le *commercium* pour le sol et pour les personnes, et le *connubium*, par exemple. Dans le municipe, l'indépendance locale était respectée, en même temps qu'un puissant lien reliait les pays conquis à la métropole (1). Cette communication du Droit civil romain, laissait en dehors le bénéfice des fonctions et des droits politiques (déclarer la guerre, porter des lois), que Rome avait l'habitude de se réserver et qui ne pouvaient être exercés que dans son sein (2); ce qui a fait dire à Cicéron, que les citoyens des municipes avaient deux patries (3). Auguste accorda pourtant à plusieurs municipes le droit de donner leurs suffrages dans leurs villes. Parmi les villes municipales, il en était qui ne conservaient pas l'autonomie, mais l'abdiquaient volontairement entre les mains de Rome dont elles adoptaient les lois; elles étaient les mieux traitées et prenaient le nom de *fundi;* mais il fallait qu'une concession de Rome vint récompenser cet abandon du Droit national ancien; car l'état des *fundi* ne dépendait pas de la simple volonté des cités pérégrines, et c'est ce que nous atteste Cicéron (4).

Provinces. — Ce n'est donc pas dans les municipes qu'il faut aller chercher les véritables étrangers; ce n'est pas même, à proprement parler, dans les provinces. Les villes alliées de Rome étaient réduites à l'état de province lorsqu'elles s'étaient révoltées; pour qu'on appréciât à sa juste valeur la faveur de son alliance, Rome châtiait l'insubordination par la perte de la liberté, des magistratures locales, du *commercium*, et ne laissait aux citoyens déchus que l'usufruit de leur territoire; elle les soumettait au régime des *formulæ provinciarum*, édictées

(1) V. M. Ch. Giraud, *ibid.*, p. 105.

(2) *Ibid.*, p. 107.

(3) *De legi*, 1 et 2.

(4) Postremò hæc vis est istius et juris et verbi ut fundi populi, beneficio nostro, non suo jure fiant. (*Pro balbo*, § 8.) — V. aussi M. Ch. Giraud, *Droit de Propriété*, p. 309.

par la volonté arbitraire des proconsuls ou des préfets (1). La condition des provinciaux se rapprochait donc davantage de l'esclavage que de la pérégrinité.

JUS LATII. — Quoiqu'ils portassent le nom de *peregrini* (2), je dois encore ne pas compter dans ce nombre les *Latins*, qui, participant au Droit de Rome, s'ils ne sont pas, il est vrai, *citoyens* (3), ne restent pas non plus *étrangers* dans toute la rude acception de ce terme. Ce que je vais en dire, en énumérant ici les priviléges du droit de *latinité*, se complètera naturellement, quant aux facultés dont ils n'auront pas obtenu la concession, par les résultats que nous fournira l'exposé de la condition de *l'étranger* dans cette seconde période.

Les Latins avaient aidé les Romains dans leurs conquêtes; ils ne se contentèrent pas longtemps des traités que Rome leur avait consentis, mais qui, malgré leur *égalité* apparente (*fœdus æquum*) laissaient Rome leur souveraine de fait, seule jouissante des véritables priviléges de la *cité*. Les principales villes du *Latium* avaient seulement reçu le titre de municipes. Les Latins, toujours repoussés par l'orgueil de Rome, demandèrent enfin, les armes à la main, l'égalité de droits; mais la fortune leur fut contraire; battus en 251 au lac Regile, puis en 416 dans un combat où ils avaient espéré une revanche, ils furent traités en vaincus : Rome leur départit la mesure des droits qu'elle voulait bien leur concéder. Les Latins allaient tenir une position intermédiaire entre les citoyens et les étrangers. Ils obtinrent le *jus commercii*, qui constitua une capacité territoriale aussi bien qu'une capacité personnelle (4). Ils avaient l'indépen-

(1) Heineccius, *Antiq. rom.*, p. 314. — M. Ch. Giraud, Introd., p. 111.

(2) Gaius, I, § 79, *in fine*.

(3) M. Bénech, *Toulouse cité latine*, p. 7 *in fine* et note 4. — Cicéron, *pro Cæcina*, 33, et *pro domo sua*, 25. — Boëtius, *Topiq.*, p. 381. — Heineccius, Commentaire sur les lois *Julia* et *Pappia-Poppæa*, Genève, t. 7, p. 226.

(4) M. Ch. Giraud, *Droit de Propriété*, p. 284. — Ulp., *Frag.* XIX, 4.

dance politique et la liberté du droit des gens; mais ils ne pouvaient donner leurs suffrages à Rome, à moins d'y être invités par les magistrats; on leur accorda encore le droit de *milice;* ils formaient, en vertu de ce droit, ces corps particuliers nommés *socii latinii*. Plusieurs cérémonies religieuses leur sont communes avec Rome (le culte de Saturne). Mais on pouvait les battre de verges comme de véritables étrangers, et ils n'avaient ni le *jus connubii* (1), ni la faction active et passive du testament. Pourtant on accordait les droits politiques, le droit de suffrage à Rome, et l'aptitude aux fonctions publiques, aux magistrats des villes, au sortir de leurs fonctions; c'était le moyen d'absorber les supériorités locales (2).

L'enfant né d'un citoyen romain et d'une latine restait latin (3).

Le latin peut cependant acquérir le droit de cité romaine : 1° par l'exercice des magistratures locales; 2° par une accusation de concussion contre quelque citoyen romain; 3° par la translation de son domicile et celui de sa famille à Rome.

La position des *Latins* s'améliore et se fixe après la guerre sociale (663). Le droit de cité complète, qu'ils n'avaient cessé de réclamer, leur est accordé vers cette époque, en même temps qu'on accordera à d'autres peuples les droits de latinité, ce degré intermédiaire qu'ils doivent nécessairement franchir pour se purifier de la qualité d'étranger.

JUS ITALICUM. — Je ne parlerai du *jus italicum*, que pour faire remarquer que ce droit ne s'appliquait pas à l'état des personnes, et que les Italiens ne formaient pas une nouvelle classe dans la cité; ils sont encore étrangers. — Le droit qui leur est concédé, règle des capacités immobilières s'appliquant au corps de la cité (4). Les prérogatives dont ce droit est la source,

(1) Ulp., *Frag.*, v. § 4.
(2) E. Lagrange, introd., p. 24.
(3) Ulp., v. § 9.
(4) Ulp., *Frag.* v, § 4; — II, § 16; — XIX, § 4.

sont : 1° La liberté politique de la cité (1) ; 2° l'indemnité d'impôts (2) ; 3° la pleine propriété du sol (3), résultat qui eut de l'importance tant que dura la distinction du domaine quiritaire et du domaine bonitaire, des *possessiones* et du domaine éminent, distinctions en vertu desquelles les vaincus étaient demeurés simples possesseurs.

Les *Italiens* avaient en outre le droit de former un contingent militaire ; mais n'étant pas compris dans la nomenclature des personnes romaines, ils n'avaient ni le *jus publicum*, ni le *connubium*, ni la faculté d'acquérir des Romains par la *mancipatio* ou le testament.

L'ardent désir d'arriver aux droits de cité, les poussa dans la guerre sociale, guerre aussi funeste aux vainqueurs qu'aux vaincus, par tout le sang qu'elle fit répandre, mais qui se termina par la concession du *jus latii* en faveur des Italiens (*lex Julia*, an 664 ; — *lex Plautia*, 665), en attendant la concession prochaine du droit de cité lui-même (4).

Incolæ. — Il ne me reste plus, pour présenter le tableau de ceux qui, participant plus ou moins aux droits de la cité romaine, ne peuvent pas être rangés dans la classe des étrangers proprement dits, qu'à ajouter un mot sur les *incolæ*.

L'incola est celui qui établit son domicile dans telle ou telle municipalité : « *Qui aliquâ regione domicilium suum contulit* (5). » Le domicile, à Rome, consiste plus dans le fait

(1) Les médailles des villes italiques représentent un silène la main levée : « *Libertatis indicium est, qui erectâ manu testatur, nihil urbi deesse.* » (Servius, *ad Æneid.*, III, 20 ; et IV, 58.) — V. dans la l. 1, § 2, ff. *de Censibus*, le nom de *respublica* qui leur est attribué.

(2) Les *possessores* des fonds provinciaux payaient un impôt foncier ; les *tributarii* un impôt personnel. Mais les cités italiques qui possédaient le *jus italicum*, en étaient exemptes. V. l. 8, § 7, ff. *de Censibus*.

(3) Ulp., XIX, § 1. — Gaius, I, § 120 ; III, § 46. — Instit. de Just., *de Usucap. proemium*. — Loi unique, au Code, *de Usucap. transform.*

(4) M. Ortolan, *Hist.*, p. 208. — Tite-Live, 84. — Cicéron, *pro Sylla*, VI, VII ; *pro Archia*, VII, etc.

(5) L. 239, § 2, ff. *de Verb. signif.* — L. 50, tit. 14 : « *Cives quidem origo manumissio, allectio vel adoptio ; incolas vero domicilium facit.* » L. 7, C. *de Incolis*, lib. X, tit. 39.

que dans le droit ; ce simple fait confère des avantages à l'étranger : s'il doit supporter sa part des charges publiques, il jouit en échange de tous les droits civils que possède la municipalité dans laquelle il s'est établi. Ces droits varient selon la condition juridique des différentes municipalités : En Italie, avant l'année 664, il participe au *jus italicum*; dans le Latium, au *jus Latii*; dans un municipe, des droits que ce titre confère à ses habitants d'origine ; à Rome, il put réclamer le privilége de citoyen.

A cette seconde époque de l'histoire romaine, les étrangers proprement dits, sont donc pour nous ceux qui ne participent à aucune des prérogatives que je viens d'énumérer. — La classe qui les renferme se restreint chaque jour, jusqu'à Caracalla et Justinien, qui passent le niveau sur les biens et sur les personnes, et laissent aux seuls *barbares* le nom de pérégrins.

CHAPITRE II.

Quels étaient les droits des étrangers sous cette dernière période ?

§ 1er *Cité.*—Une pensée exclusive et jalouse a dominé l'âge théocratique et de droit strict ; un principe tout opposé se fait jour dans la période où nous entrons : c'est celui de l'équité et de l'unité.—Son influence sera grande dans la question qui nous occupe.

Après avoir vu sensiblement se restreindre, grâce au mouvement politique, le cercle dans lequel ils étaient enfermés, les étrangers, sans participer nominativement au Droit civil, qui fait respecter son ombre jusqu'au moment où Rome n'est plus, jouiront au moins d'une position positive dans le *jus gentium* (1) ; le droit des gens entrera peu à peu dans le Droit civil de Rome : « *Quod civile, non idem continuo gentium ; quod autem gentium*

(1) V. M. M. Soloman, *loco citato*, III.

idem civile esse debet » (Cicéron) (1); et il arriverera enfin un moment où l'édit fiscal de Caracalla (an 212), n'excitera aucune surprise, parce qu'il ne fera que déclarer un fait depuis longtemps accepté.

La cité se désorganise. — Si nous cherchons la cause de sa dissolution, nous la verrons d'abord dans l'affluence toujours croissante des étrangers à Rome; ensuite, dans l'action du *Préteur;* en troisième lieu, dans l'influence de la philosophie stoïcienne, représentée par la grande figure de Cicéron; enfin, dans l'action naissante du christianisme.

La Préteur, en effet, a été institué pour sauvegarder la loi; mais il peut encore aider, suppléer ou corriger le Droit civil: *propter utilitatem publicam* (2). Son édit donne accès à tous les principes du droit des gens. — La préture avait été crée en 307; mais, jusqu'en 416, époque à laquelle elle devint commune aux deux ordres, elle fut exclusivement exercée par l'aristocratie et à son bénéfice; ce n'est même que vers le VIme siècle que l'influence des *Préteurs* est considérable dans le Droit civil; Plaute décédant en 569, pouvait écrire, à cette époque, ces paroles, en parlant de ces magistrats : *perduxerunt leges in potestatem suam* (3).

Le stoïcisme a fait pénétrer dans les mœurs romaines ces immuables principes qui se résument, au point de vue du Droit, dans ces quelques paroles de Cicéron : *Le Droit n'est autre chose que l'équité; considéré autrement, ce n'est pas le Droit* (4). « D'où vient le Droit, qu'il s'appelle le droit des gens ou droit civil? de la même source que la justice, la bonne foi et l'équité (5) » :

(1) *De Offic.*, III, 17; édit. Leclerc, tom. XXVII, p. 584. — M. Laferrière, *Hist. du Droit français*, I, p. 175 et suiv.

(2) L. 7, ff. *de Just. et Jure.* — V. Ulp., *Frag.*, I, 1, 6.

(3) V. Cicéron, sur l'édit du Préteur des étrangers, *Épîtres familières*, XIII, 59. — V. *infrà*, § *des actions*.

(4) *De Offic.*, II, 12.

(5) Cicéron, *de Republic.*, I, 2.

« *Est igitur non scripta, sed nata lex, quam didicimus, accipimus, legimus, verum ex natura ipsa arripuimus, hausimus, expressimus, ad quam non docti, sed facti; non instituti sed imbuti sumus!* (1) » Ne croirait-on pas entendre dans ces paroles « qui « excitaient dans les assemblées publiques un long tressaillement (2), » comme un symbole d'une foi nouvelle, au dessus de laquelle s'élèveront seules les doctrines du christianisme? « Les droits politiques et de cité perdent de leur importance, à mesure que la nature municipale de l'Etat s'altère « par les accroissements de la conquête (3). » Cependant, les étrangers ne jouiront pas encore de tous les privilèges que le titre de citoyen conférait dans l'ordre politique; l'exercice des dignités de l'Etat et les sacrifices du *jus sacrum* leur restent interdits (4); néanmoins, le temps n'est pas éloigné où Rome accordera à tous les dieux les droits de bourgeoisie, et à tous les peuples, l'exercice de droits politiques (5).

En attendant, remarquons, dans la période qui nous occupe, que la faculté d'accorder des naturalisations individuelles, fut reconnue aux empereurs; (la loi des XII Tables, qui prohibait les privilèges, est oubliée : loi *Apuleia*, de Colonis, 653; loi *Plautia*, 654; loi *Gellia Cornelia*, 681) Jules César et les empereurs qui le suivirent en usèrent souvent. Antoine mit à l'enchère la faveur de la cité. Auguste donne aux Romains le spectacle inouï d'un provincial montant au Capitole sur le char des triomphateurs pour avoir reculé les limites de l'empire (6). Des constructions d'une certaine valeur (7), le transport pendant six ans, à Rome, du blé sur un vaisseau de 10,000 mé-

(1) Cicéron, *pro milone*.
(2) M. Laferrière, *Hist. du Droit français*, i, p. 127.
(3) M. Soloman, *loco citato*, LIV.
(4) *Ibid.*, LV.
(5) V. M. Thierry, *Hist. des Gaules*, iii, 303.
(6) M. Soloman, LVIII.
(7) Gaius, i, 33. — Ulp., iii, 1.

sures, procurait, sous Claude, le titre de citoyen ; sous Tibère, la loi Visellia attacha le droit de cité au service fait pendant six ans dans la garde de nuit...

L'assimilation se fait ainsi sans secousse, jusqu'à ce que *Caracalla* déclare, ainsi que je l'ai dit, tous les habitants de l'empire citoyens romains : « *In orbe Romano omnes qui sunt cives Romani effecti sunt* (1). »

Poursuivons l'étude de cette transformation du droit strict, au point de vue de la famille, de la propriété, des obligations et des actions.

§ 2. *Famille.* — Les étrangers ne possédant pas le *jus quiritium* pur (2), ne peuvent prétendre au *connubium ;* mais s'ils sont incapables du mariage romain (*connubium justum*), on reconnaît dans leur union un véritable *matrimonium*, susceptible de produire certains effets. C'est ainsi que, se départant de la rigueur des anciens principes, on avait admis, nous dit Gaius, que l'enfant né d'un citoyen romain et d'une étrangère, épousée de bonne foi, c'est à dire dans la croyance qu'elle était romaine, naissait légitime (3). Nous voyons par là que la loi *Mensia* se trouvait déjà modifiée.

Ulpien, à son tour, nous parle d'un résultat non moins important : c'est la concession elle-même du *connubium* à ceux qui, pendant leur service dans les provinces, ont entretenu des relations avec une pérégrine ou une femme avec laquelle on n'avait pas faculté de mariage : c'est là le *connubium concessum* (4) et, comme suite, la faculté du *commercium concessum*,

(1) L. 17, ff. liv. I, tit. 5. — Cette loi porte improprement le nom de *Constitution Antonine;* voyez Spanheim, *orb. rom.*, II, 1-3; F. Laurent, t. 3, p. 281 ; elle ne s'appliquait qu'aux habitants de l'empire, *et ne disposait pas pour l'avenir.*

(2) V. l. 38, ff. *de ritu nuptiarum*, lib. XXIII, tit. 2. — L. 3, *ibid.* — L. 63, *ibid.*, *à contrario.*

(3) Gaius, II, § 142, 143.

(4) Ulp., XIX, 4, 5. — Paul, *Sent.* II, 19, 6. — Tite-Live, I, 38, chap. 36; — I, 43, chap. 3. — Heineccius, *Antiq. rom.*, I, § 16.

c'est à dire l'usage de la *mancipatio*, appliquée aux conventions nuptiales (1).

Généralement, du reste, lorsqu'on a contracté mariage, ignorant la condition différente du conjoint, par exemple, si le citoyen romain épousait, par erreur de sa qualité, une femme latine, ou toute autre ne jouissant pas du droit de cité, et réciproquement... Le père ou la mère incapable acquérait le droit de cité, dit Ulpien, et c'est la raison pour laquelle, ajoute-t-il, les enfants citoyens comme eux, se trouvent sous la puissance de leur père et mère (2). Mais il fallait, ici, prouver l'erreur.

Gaius confirmait déjà cette solution en ces termes : *Item si civis romana, per errorem nupta sit peregrino tanquam civi romano, permittitur ei causam erroris probare, et ita filius quoque et maritus ad civitatem rom. perveniunt... Itaque simul filius incipit in potestate patris esse. Idem juris est si peregrino tanquam latino ex lege Ælia Sentia nupta sit... Nisi quod scilicet qui dedititiorum numero est, in sua conditione permanet, et ideo filius, quamvis fiat civis romanus, in potestatem patris non redigitur* (3). »

Les mœurs se relâchant sous l'empire, nous voyons apparaître, vers cette époque, le *concubinat* ou mariage libre; il ne produit pas, il est vrai, les effets civils des justes noces, mais il attribue, notamment aux enfants, la qualité de leur mère, et, si elle est citoyenne, ils sont *sui juris;* ils diffèrent des *spurii* et des *vulgo quæsiti;* et jusqu'à Constantin, qui défendit au père de rien laisser aux enfants naturels, ils peuvent recevoir de lui; ses successeurs, moins scrupuleux, Justinien lui-même, considérèrent cette union comme licite. Léon le philosophe, fut le premier qui l'abolit en Orient,

(1) Ulp., XI, 16; XX, 8, 14; XXIII, 1, 3. — M. de Savigny, *Traité de Droit Commercial*, II, 66.

(2) Ulp., *Frag.* VII, § 4.

(3) *Comm.* I, § 68. V. encore *ibid.*, § 69, 70 et 71.

par la Novelle 91. Les étrangers profitèrent jusques-là des prérogatives attachées à ce mariage; rappelons-nous, seulement, que Cléopâtre ne pouvait être pour Antoine qu'une concubine (1).

§ 3. *Propriété.* — Les étrangers, sous cette période, ne possèdent pas non plus le *commercium*, ni le droit de propriété *quiritaire*. Mais Gaius, après avoir parlé de ce domaine, seul reconnu dans la première époque, nous apprend qu'on distingua plus tard le domaine *bonitaire* du domaine *quiritaire*, et nous indique la nature de chacun d'eux : « *Postea divisionem accepit dominium, ut alius possit esse ex jure quiritium dominus, alius in bonis habere* (2). » Tant que dura la *mancipatio*, la propriété *bonitaire* fut celle que transférait seulement à l'acquéreur un mode non solennel d'aliénation : « *Si tibi rem mancipi neque mancipavero, neque in jure cessero, sed tantum tradidero, in bonis tuis ea res efficietur* (3). »

La philosophie du Portique favorise ce mouvement, en reconnaissant au droit de propriété une base naturelle incontestable, en dehors du droit strict : « *Quemadmodum theatrum, cum commune sit, recte tamen dici potest ejus esse eum locum, quem quisque occupaverit, mundo ve communis non adversatur jus, quoniam suum quidque cujusque sit* (4). » « *Placet stoicis quæ in terris gignuntur ad usum hominum omnia creari, homines autem hominum causâ esse generatos ut ipsi inter se aliis alii prodesse possint* (5). »

En vertu de ces nouveaux principes, l'étranger devient capable à son tour, non de la propriété *romaine* par la *mancipatio*, mais d'un *dominium* à la transmission duquel vont s'adapter

(1) Bénech, *Programme de Droit romain.*

(2) *Comm.* II, § 40.

(3) *Ibid.*, § 41. — V. M. Laferrière, *Hist. du Droit*, I, p. 271 et suiv.

(4) Cicéron, *de Finibus*, III, 20.

(5) Idem, *de Offic.*, I, 7 ; — *de Republ.*, I, 17.

tout un nouveau système de formalités, en regard de celles du droit strict (1). La propriété quiritaire marchait escortée de la *mancipatio*, de la *cessio in jure*, de l'*usucapio* : La transmission à titre onéreux, de la propriété, se fera, pour les étrangers, par l'*emptio-venditio* que le Droit civil ne tardera même pas à adopter ; et les étrangers pourront enfin acquérir les immeubles romains, à l'époque où Justinien effacera toute distinction entre les deux domaines, leur substituant la propriété du droit des gens ; voici les termes de la Constitution de ce prince : « *Antiquæ subtilitatis ludibrium per hanc decisionem expellentes, nullam esse differentiam patimur inter dominos apud quos vel nudum ex jure quiritium nomen, vel tantum in bonis reperitur... Sed sit plenissimus et legitimus quisque dominus, sive servi, sive aliarum rerum ad se pertinentium* (2). »

La *tradition* sera, pour la propriété *bonitaire*, une juste cause de transmission à titre gratuit.

L'usucapion voit s'élever à côté d'elle, les *prescriptiones longi temporis* (10 ans entre présents, 20 ans entre absents) ; l'on reconnaît donc pour l'étranger une nouvelle espèce de possession, susceptible de produire des effets juridiques, un véritable droit ayant le pouvoir de se faire respecter ; cette possession donne naissance, entre ses mains, à une *exception* péremptoire, pour repousser, en matière immobilière, l'action du propriétaire. Quant aux meubles, la possession non précaire, non violente, non furtive, vaudra titre ou prescription, aussi bien pour l'étranger que pour le citoyen (3).

Les *pactes* obtiennent la force de la *cessio in jure*, pour l'établissement ou le transport des droits, qui exigeaient ce mode primitif de transmission : « *Alioquin*, nous dit Gaius, *in pro-*

(1) Voir, sur le passage de la propriété *quiritaire* à la propriété *bonitaire*, le chap. 3, § 3, du savant ouvrage de M. Giraud sur le *Droit de Propriété*.

(2) Loi unique, Code, titre 25, lib. VII.

(3) V. M. Laferrière, *Droit français*, t, p. 270.—Doneau, *de Jure civili*, v, 4, p. 916.

vincialibus prædiis, sive quis usufructum sive jus eundi, agendi, aquam ducendi vel altius tollendi cætera quæ similia jura constituere velit, pactionibus et stipulationibus id efficere potest, quia ne ipsa quidem prædia mancipationem aut in jure cessionem recipiunt (1). »

La *locatio conductio*, et la *societas*, qui, par leur nature et leur origine, appartiennent au droit des gens, ainsi que les autres contrats consensuels, seront ouverts à l'étranger, comme nous le verrons au paragraphe suivant, et protégés par le Droit civil.

Quant au *testament*, considéré au point de vue de la capacité active ou passive, l'étranger ne peut pas davantage, à cette époque, être institué héritier d'après le Droit civil, ni faire lui-même un héritier; mais on put, dès qu'apparaissent les fidéicommis (2), qui n'ont précisément d'autre but que de gratifier des incapables, lui transmettre par ce moyen détourné (3). Toutefois, au temps d'Ulpien, et après que les fidéi-commis eurent été rendus obligatoires sous Auguste, la faculté de faire, sous la forme de fidéi-commis, des dispositions en faveur de personnes incapables, ne fut pas maintenue (4).

L'étranger peut du moins tester, nous dit Ulpien, *adversus leges civitatis suæ*; ce qui indiquerait que le préteur pérégrin appliquait à sa capacité les lois de son pays et non celles de Rome; question que je réserve pour le § 5, *des Actions* (5).

En outre, il était permis aux militaires d'instituer héritiers et des pérégrins et des latins, ou de leur faire des legs. « *Cum alioquin*, dit Gaius (6), *peregrini quidem ratione civili prohibean-*

(1) Gaius, II, § 31.

(2) Gaius, II, 285.

(3) V. l. 1, 2 et 3, Inst., *de Fideic. heredit.*

(4) V. s.-c. Pancien; l. 59, § 1, ff. *ad legem falcid.* — Ulp., xxv, 17; cap. *ibidem*, § 6, 7, 10.

(5) V. *infrà*; et *suprà*, § 3, chap. 1er.

(6) *Comm.* II, § 109.

tur capere hereditatem legata que, latini vero per legem juniam. »

§ 4. *Obligations.*—La nature et la forme des obligations primitives devait aussi changer; en exposant les modes de transmission de la propriété bonitaire, j'ai déjà reconnu l'étranger capable de tous les contrats du droit des gens : la vente, le louage, le mandat...

Sous la période qui nous occupe, l'on distingua l'obligation naturelle de l'obligation civile; certaines conventions, non sanctionnées d'abord par le Droit civil, et même par le Droit prétorien primitif, ne produisaient pas d'action, et, pour cette raison, se nommaient pactes nus; elles engendreront une obligation naturelle et attribueront bientôt à l'étranger une exception : « *Pacta conventa servabo,* dit le Préteur, *quæ neque dolo malo que adversus leges plebiscita senatus-consulta edicta principum neque quo fraus cui fiat, facta erunt* (1). »

L'étranger est devenu, d'ailleurs, capable du contrat verbal; désormais il pourra s'obliger et obliger autrui par les paroles; le progrès, sous ce rapport, s'est manifesté par l'invention de nouvelles formules. C'est ainsi qu'à la formule : *Spondes? spondeo*, exclusivement réservée aux citoyens romains, l'on oppose les formules: *Promittis? Promitto. Dabis? Dabo. Facies? Faciam. Fidejubes? Fidejubeo.* La nécessité des paroles solennelles pour la stipulation verbale, sera même abolie, l'an 469 après Jésus-Christ, par l'empereur Léon, qui déclare les stipulations valables, quelles que soient d'ailleurs les paroles prononcées, pourvu que les contractants s'accordent et s'entendent (2).

L'étranger est, en outre, capable de toutes les obligations que le *pretor peregrinus* promettra, dans son édit annuel, de faire respecter au moyen d'une action.

(1) ff. II, 14, 7, § 7.
(2) Inst., lib. III, tit. 15, § 1.

Bientôt on reconnaît expressément au pérégrin l'usage de l'*acceptilatio*, qui éteignait primitivement entre citoyens romains l'obligation formée par paroles (1) : « *Et tollantur etiam honoraria obligationes... quia hoc jure utimus*, dit Ulpien, *ut juris gentium sit acceptilatio* (2).

L'étranger put donc former ou éteindre une obligation par les paroles.

Mais il ne put se prévaloir de l'engagement littéral qui résulte des inscriptions sur les *registres domestiques* dont j'ai parlé ; c'est ce que Gaius exprime en ces termes : *Transcriptitiis vero nominibus an obligentur peregrini merito quæritur... Quia quodammodo juris civilis est talis obligatio* (3).

Ils pouvaient du moins faire usage des *chyrographa* et des *syngrapha* : « *Prœterea litterarum obligatio fieri videtur chyrographis et syngraphis, id est si quis debere se aut daturum se scribat ; quod genus obligationis proprium peregrinorum est* (4). »

Les *arcaria nomina* ou témoignages écrits de la numération d'une somme d'argent, pouvaient être aussi mis par eux en usage : *Dicitur arcariis nominibus etiam peregrinos obligari quia non ipso nomine, sed numeratione pecuniæ obligantur : quod genus obligationis juris gentium est.* » Il s'en suivait que l'étranger qui aurait demandé deux fois la somme d'argent à lui comptée, aurait été repoussé au moyen de ces titres, par l'exception *numeratæ pecuniæ*, et réciproquement.

A cette époque, l'étranger put sans doute s'engager *jure jurando*.

Il peut l'être également par un quasi-contrat de *negotiorum gestio* qui donnait naissance, en sa personne, à l'obligation naturelle d'administrer honnêtement et de rendre compte, en

(1) L. 8, § 4, ff. *de Acceptilatione*.

(2) Inst., lib. III, tit. 29, § 1.

(3) *Comm.* III, § 133. — V. *suprà* la nécessité du serment de *fide tabularum*, à laquelle ils n'étaient pas d'ailleurs soumis.

(4) Gaius, *Comm.* III, § 134.

même temps qu'elle créait des droits et des obligations dans la personne du citoyen romain, *negotiorum gestor*, des affaires d'un étranger.

J'ai dit qu'une incapacité ou une faculté se prouvait toujours par une incapacité ou une faculté reconnue dans une série nouvelle; c'est donc en étudiant, enfin, la position des étrangers par rapport aux actions, que je pourrai seulement compléter ce que j'ai exposé jusqu'ici.

§ 5. *Actions.*—L'action donne la vie au droit qu'elle manifeste et confirme.

A Rome, la création du *préteur pérégrin*, est toute une révolution.

L'on donne pour date à l'institution de cette charge, l'année 507; elle est postérieure à la création de la préture urbaine; avant cette année pourtant de nombreux rapports d'affaires s'étaient établis à Rome entre romains et étrangers, ou entre étrangers seulement; et c'était le Préteur ordinaire qui prononçait sur ces différents. L'édit de ce Préteur devait leur accorder, sur les personnes et sur les choses, des droits et des actions puisées dans ce *jus gentium quod apud omnes gentes peræque custoditur* (1). Mais le nombre de ces affaires s'agrandit; et, selon Niébuhr, les plébéiens s'inquiétant de voir la clientèle des patriciens s'étendre sur les *peregrini* devant ce Préteur, demandèrent un magistrat qui prononçât ordinairement sur ces affaires : « *Ut plerumque inter peregrinos jus diceret* (2). »

Le système des *actions de la loi* tombe en discrédit et est remplacé par le système des *formules*; l'on voit alors dans la procédure le *magistrat* (*in jure*), c'est le Préteur qui accorde une *formule* aux plaideurs, d'après son album, pour que ces

(1) Gaius, I, § 1.

(2) ff. *de Regul. juris*, l. 2, § 8.

derniers fassent décider la contestation devant le *judex* (*in judicio*) ou *arbiter*, qui est, à une époque reculée, le tribunal des centumvirs. Quant aux étrangers, il faut se demander si, à l'époque où le *préteur pérégrin* leur fut donné, il les renvoyait devant un *judex* ordinaire ou devant les *récupérateurs*(1).

Ces *récuperatores* que nous avons vu figurer dans la sphère politique comme arbitres des différents soulevés à l'occasion des traités, semblent tout d'abord n'avoir à Rome compétence spéciale qu'à raison d'une série de faits particuliers : les matières sur lesquelles ils ont à prononcer semblent toujours *urgentes*, et leur intervention paraît avoir uniquement pour but de terminer promptement des discussions entre Romains ou étrangers, de réparer les dommages causés par les voies de fait et les troubles apportés à la possession, de réprimer enfin les faits de concussion ; ainsi, écrit Gaius : « *Ad recuperatores itur et tum ibi quæritur an aliquid factum non sit quod edictum pretoris fieri jusserit.* » Ce passage se rapporte à la prohibition de toute violence contre la possession(2). *Judicium vestrum est recuperatores*, dit Cicéron, *quantæ pecuniæ paret damnum factum esse tulio*(3).

Mais il est certain que leur compétence, dans ces cas spéciaux, entre citoyens romains et entre étrangers, ne les empêchait pas, du moins quant aux étrangers, d'être les juges ordinaires de tous les différents qui intéressaient les choses privées. C'est ce qu'atteste un fragment d'*Ælius Gallus*, qui s'exprime ainsi : *Reciperatio est cum inter populum et reges nationes que et civitates peregrinas lex convenit quomodo per*

(1) Le nom de *recuperatores* vient de ce qu'ils étaient, le plus souvent, chargés de faire opérer des restitutions : Fæstus, vº *reciperatio*. — M. Bonjean, *Traité des Actions*, I, p. 179.

(2) V. M. Laferrière, *Hist. du Droit français*, I, 339.

(3) Cic., *Frag.*, t. XXIX, t. 4. — Gaius, III, 223, 224, 225. — *Idem*, IV, 46. — ff. lib. VI, tit. I, l. 23, § 5 ; — XX, I, 2, § 1 ; — VI, I, 52 ; — IX, 4, 40 ; — XLIV, 7. 13.

recuperatores reddentur res reciperenturque, RESQUE PRIVATAS INTER SE PERSEQUANTUR. Les récupérateurs jugeaient comme l'*unus judex* d'après la formule rédigée par le *prætor peregrinus*(1). Dans la suite, et de même que des procès ordinaires entre citoyens romains purent être portés devant les récupérateurs(2), les procès dans lesquels figuraient des pérégrins purent l'être devant l'*unus judex* (3).

Le tribunal des *recuperatores* se composait de trois ou cinq juges(4). L'urgence fesait attribuer indistinctement ces fonctions aux *jurés* provinciaux et même aux pérégrins (5).

La célérité de leur procédure, reconnue par plusieurs textes, (*ut protinùs a recuperatoribus condemnetur*... *ut quamprimùm res judicantur*...) (6), semble rapprocher, par l'analogie, cette institution de nos tribunaux de commerce, qui, par la rapidité de l'instruction des affaires spéciales sur lesquelles ils prononcent et leur compétence certaine entre étrangers, présentent avec ce tribunal quelque ressemblance.

Les actions récupératoires étaient rangées parmi celles qu'on appelait *imperio continenti*, c'est à dire que ces instances devaient être soutenues, sous peine de péremption, pendant la durée de la magistrature de celui qui avait donné le *judicium* (7).

On peut poser ici la question de savoir quelles lois le préteur pérégrin ou les *recuperatores* prenaient pour base de leur décision entre étrangers. En d'autres termes, les étrangers

(1) V. Gaius, IV, § 46 et 185.

(2) Gaius, IV, § 141. — Cicér., *pro Cæcina*, 3, 11 ; *in verrem*, III, 11, 28, 60, 68.

(3) Gaius, IV, § 105.

(4) Tite-Live, XXVI, 48. — Cicéron, *in verrem*, II, 13 et 60. — Tite-Live, XLIII, 2. — Gaius porte ce nombre à 20, pour former le *consilium manumissionis* des provinces. (Comm. I, § 20.)

(5) Pline, *Let.* III. — Cicéron, *pro flacco*, 20. — Tite-Live, XXVI, 4, 8. — Cicéron, *in verrem*, II, 13, 32 ; III, 12, 11, 28, 29, 16.

(6) Cicéron, *pro Tullio*, 2. — Gaius, Comm. IV, § 185.

(7) Gaius, IV, 103-105.

étaient-ils jugés, à Rome, d'après leurs statuts originaires ou d'après les lois romaines? La question est assez obscure :

« L'étranger qui possédait le *jus connubii* et le *jus commercii* « jouissait, quant aux droits qui en résultaient dans l'ordre « civil, des mêmes prérogatives que les citoyens, et, en con- « séquence, les contestations dans lesquelles ils étaient in- « téressés, étaient sans doute jugées d'après le Droit ro- « main (1). »

Quant aux étrangers proprement dits, devant le préteur pérégrin et les récupérateurs, le Droit des gens conserva sans doute son empire; et c'est même à l'influence de son admission devant ces juges qu'on dut le progrès rapide qui s'opéra. L'on peut même induire de ces premiers résultats, et comme conséquence, qu'on dut appliquer aux étrangers, autant que possible, en matière d'état, et peut-être d'obligations, leurs lois personnelles. L'application de ces lois est reconnue au moins pour un cas : celui du testament que, nous le savons, l'étranger pouvait faire *secundum leges civitatis suæ*.

Le Préteur ne se borna pas à consulter l'équité ou les *lois personnelles* de l'étranger en matière d'actions, il créa, en outre, à son profit, les *actions fictices*.

Le pérégrin était toujours exclu des *judicia legitima* (2); on l'admit à plaider, soit en demandant, soit en défendant, au moyen d'actions pour lesquelles l'on supposait en sa personne la qualité de citoyen. « *Item civitas romana peregrino fingitur*, dit Gaïus (3), *si eo nomine agat aut cum eo agatur, quo nomine nostris legibus actio constituta est, si modo* justum sit *eam actionem etiam ad peregrinum extendi.* » L'on comprend que l'équité, lorsqu'elle put s'appuyer sur cette concession, trouva ce caractère de *justum* à la plupart des actions que

(1) Fœlix, *Traité du Droit international privé*, p. 4.

(2) Bonjean, *Traité des Actions*, II, 48.

(3) *Comm.* IV, § 37.

l'étranger avait intérêt à exercer; plus tard, l'usurpation prétorienne, qui, timide encore, n'osait pas créer *une action*, changera ce caractère des actions fictices en actions *in factum* (1).

L'on accorda, sans doute, en commençant, des actions fictices aux pérégrins en matière pénale, parce que l'équité et l'urgence se faisaient ici plus énergiquement sentir. C'est ce qui résulte des exemples suivants donnés par Gaius : « *Item si peregrinis furti agat civitas ei romana fingitur; similiter si ex lege Aquilia peregrinus damni injuriæ agat aut cum eo agatur, ficta civitate romana, judicium datur.* La formule de cette action était ainsi conçue : *Judex esto : si paret ope consiliove dionis hermæi filii furtum factum esse pateræ aureæ, quamobrem eum, si civis romanus esset, pro fure damnum decidere oporteret... et reliqua...*

CONCLUSION.

On le voit, il existe une bien grande différence entre la position des étrangers dans la première et dans la seconde période; ces différences sont évidemment le résultat des changements qui s'opèrent dans la constitution elle-même de la cité, de la famille, de la propriété et des obligations; en regard du texte inflexible de la loi des XII Tables, nous trouvons la sympathie et la bienveillance chantées par les poètes, dans les écrits desquels se reflète d'ordinaire la plus pure image des mœurs sociales ou le pressentiment du progrès de ces

(1) *L'intentio* d'une *actio in jus*, énonce explicitement, de la part du demandeur, la prétention à un droit de *propriété (si paret rem esse titii; si paret mævium titio dare oportere)*. — Dans *l'actio in factum*, la prétention au droit se trouvait dissimulée sous l'apparence d'une simple question de fait. (Bonjean, II, p. 41, § 269; I, § 174. — § 1 et 3, Inst., *de Oblig. quasi ex delicto*. — Ulp., l. 7 et l. 9, ff. *quod falso tut.*, 7 et 14. — *De Liberali causa*, l. 10 et 11, *quæ in fraudem credit.*

mœurs (1); nous avons vu le Droit, surtout, nous offrir l'empreinte de ce changement.

Les étrangers ont, je le répète, aidé par eux-mêmes à ces résultats.

Mais en envahissant la cité, ils y ont aussi apporté des germes de désorganisation, et Rome, qui a pu croire un instant réaliser la domination du monde, reconnait trop tard qu'elle s'est trompée; que l'unité, si laborieusement poursuivie, manque par la base, et que cet immense travail est encore à refaire; il est vrai que les siècles suivants puiseront largement dans les ruines de l'édifice romain, et y trouveront de riches éléments de progrès; mais Rome est pourtant tombée! *cecidit Roma!*

Si je me demande, en terminant, quelle a été la part des étrangers à cette dissolution d'un grand empire, je le répéterai à mon tour : L'étranger vint apporter dans Rome une effroyable corruption que ne balança pas l'influence d'une philosophie impuissante et d'une religion cosmopolite.

Rome ne s'était pas d'ailleurs si bien assimilé les fractions hétérogènes dont elle voulait composer l'unité, qu'à un moment donné l'individualité des peuples ne se réveillât tout à coup, et ne produisit ces révoltes des provinces et ces guerres intérieures, qui affaiblirent l'empire romain et le préparèrent au joug des Barbares.

La chute de Rome est pourtant éclairée par les premières lueurs du christianisme, et l'humanité va porter à l'avenir le drapeau de la croix, sur lequel ces mots sont écrits : tout progrès est là; tu vaincras par ce signe! *in hoc signo vinces!*

(1) Homo qui erranti comiter monstrat viam
Quasi lumen de suo lumine accendat, facit
Nihilhominus ipsi luceat quum illi accenderit.
(Ennius.)

Pax optima rerum
Quas homini novisse datum est! Pax una triumphis
Innumeris potior!
(Silius-Italicus, lib. xi, *in fine.*)

V. encore Juvénal, *Sat.* xv, v. 131, 171. — Sénèque, *Hercule*, v. 929, 931, etc.

TROISIÈME PARTIE.

DROIT FRANÇAIS.

ÉTUDE DE LA CONDITION DE L'ÉTRANGER EN FRANCE.

PREMIÈRE DIVISION.

ESQUISSE HISTORIQUE SUR L'ÉTAT DES ÉTRANGERS EN FRANCE AVANT NOTRE DROIT ACTUEL.

I.

Condition de l'étranger en Germanie avant la conquête et dans la Gaule, jusqu'à l'établissement de la Féodalité.

Lorsque le monde romain, épuisé par le système oppresseur qui lui avait donné la domination universelle, s'écroula sous les coups des Barbares, appelés à régénérer, avec le christianisme, une société qui se mourait dans l'avilissement et l'apathie (1), le titre de citoyen de Rome, nous le savons, n'avait plus aucune valeur; Justinien, après Caracalla, avait abaissé le Droit civil au niveau du droit des gens.

Gardons-nous donc de croire que le moyen-âge hérita de Rome ses rigueurs contre les étrangers. N'eussent-elles pas été vouées à l'oubli par les Romains eux-mêmes, que leur sujétion ne permet pas de supposer qu'ils eussent, à ce sujet, imposé leurs lois à leurs vainqueurs (2). La société que nous avons à étudier se présente donc à nous avec une physionomie qui lui est propre. Comme à toutes les époques d'organisation, car c'est un fait qui se reproduit invariablement dans l'histoire, l'étranger est

(1) M. Guizot, *Essai sur l'Histoire de France*, p. 3.

(2) M. Demangeat, *Histoire de la condition des étrangers en France*.

en dehors du droit ; mais les mœurs de la société barbare ont un cachet original qui les distingue de l'exclusivisme antique.

Il existe, en effet, cette profonde différence entre la cité romaine et la tribu, que les envahisseurs apporteront à la civilisation moderne le sentiment de la dignité personnelle et de l'indépendance dans l'association ; ce sentiment que développera le christianisme, conduira les sociétés modernes au respect de la liberté individuelle et de l'égalité civile. Sous cette influence, les aspects changeront, et le moyen-âge méritera d'être appelé une époque toute de progrès : l'étranger usera bientôt et plus largement du bénéfice de la personnalité des lois ; l'hospitalité revêtira une signification plus vraie. Sans doute l'étranger sera exclu, en principe, de la tribu germanique, mais son adoption sera facile ; sans doute qu'à l'époque où les Barbares se seront arrêtés et établis autour de leurs chefs sur le sol conquis, la féodalité naissante, exagérant le système qui rattachait tous les droits à la possession de la terre, empirera la condition de ceux qui n'ont point participé au partage du sol conquis. Mais la féodalité n'échappera pas à une ruine inévitable ; et la condition de l'étranger s'améliorera avec celle des serfs.

Prenons l'étranger dans la Germanie avant l'invasion, et dans la Gaule ; étudions sa condition après la conquête ; suivons-le sous la période féodale, pour assister enfin à son émancipation par la royauté.

Le système d'exclusion d'abord, repose, en Germanie, sur la constitution elle-même de la *tribu* (1). Les hommes libres en font seuls partie ; ils ont seuls le droit de porter la framée, de paraître dans les assemblées où s'agitent les intérêts généraux, de posséder la propriété parfaite, *terra salica* chez les Francs, *arimannia* chez les Lombards(2), de disposer de cette propriété,

(1) V. sur la constitution de cette tribu, le savant ouvrage de M. Ch. Demangeat, déjà cité.

(2) « Arma sumere non ante cuiquam moris quam civitas suffecturum pro-

d'obtenir le *wehrgeld* ou composition pécuniaire pour la réparation des crimes et délits (1). Eux seuls appartenaient, en effet, à cette association solidaire connue encore sous le nom de *gylde*; la *gylde* reposait sur le principe d'une mutuelle garantie; les membres qui la formaient n'y avaient été admis que du consentement de tous, parce que cette admission produisait des obligations réciproques assez importantes; *le sujet* du droit étant seul dans l'association, l'étranger *warganeus* (*gargangi*) (2), dut en être exclu à raison de sa qualité; personne ne répondant pour lui et ne payant le *wehrgeld*, il arriva naturellement que l'association dut souvent user contre lui du droit de légitime défense; lorsque cet étranger se présentait comme ennemi ou commettait un méfait, on pouvait le tuer ou le réduire en esclavage (3).

Mais à côté du mal se trouva le remède.

L'étranger a joui chez les Barbares de l'hospitalité la mieux assurée; ils regardaient comme un sacrilége de fermer leurs portes à quelque homme que ce fût, connu ou inconnu; Tacite, l'historien éloquent de la Germanie, nous dépeint ces nobles sentiments dans son admirable ouvrage sur les mœurs des Germains (4). Nous lisons même ces paroles dans un auteur

baverit. » (Tacite, *de Morib. germ.*, § 13). — V. encore les lois de Canute-le-Grand (ch. 19), et les lois d'Edouard-le-Confesseur (ch. 20). — Tacite, *ibid.*, § 26. — César, *de Bello Gallico*, VI, 22.

(1) Cependant le meurtre d'un étranger obligeait l'homme libre à payer une amende. (Demangeat, p. 32). — V. sur le *Wehrgeld*, Guizot, *Essais sur l'Histoire de France*, ch. 2, § 2, p. 197.

(2) Wer-vir, gangen, migrare.

(3) Peregrinum qui patronum non habebat vendebant saxones. (*Translat. sancti viti*, ch. 13, cité par Demangeat, p. 22.)

(4) Quemcumque mortalium arcere tecto nefas habetur : pro fortuna quisquis appositis epulis excipit, cum defecere qui modo hospes fuerat, *monstrator hospitii*, et comes proximum domum non invitati adeunt; nec interest pari humanitate accipiuntur. — Notum ignotum que quantum ad jus hospitii nemo discernit. — Abeunti si quid poposcerit concedere moris et poscendi invicem eadem facilitas. (*De Morib. germ.*, ch. 21.)

grec, Nicolas Damascène : « *Graviorem pœnam apud celtas « luit qui peregrinum quam qui civem interimerit* (1). »

J'ai parlé de la facilité d'adoption de l'étranger dans cette gylde qui semble au premier abord impénétrable. Pour prouver que l'assentiment général de la tribu pouvait admettre l'étranger à la participation de la garantie réciproque, je citerai le passage déjà connu de Tacite (*de Moribus*, § 13), et une loi de Guillaume-le-Conquérant, portant : *Omnis homo qui voluerit se teneri pro libero sit in plegio;* enfin, la loi salique, tit. 48, *de Migrantibus*, § 2 : « *Sit quis admigraverit et ei aliquis infra XII « menses nullus testatus fuerit ubi admigraverit securus sicut alii « vicini consistat.* » « L'hôte qui abrite l'étranger pendant trois nuits devient responsable, et l'étranger est garanti (2). » Chose remarquable! la bourgeoisie s'acquiert donc au milieu de ces hommes libres, et mieux qu'au XIXe siècle, par une résidence d'un certain laps de temps. Nous pouvons conclure de ces faits que si l'étranger n'est pas chassé du pays, ou bien si son hôte consent à le garder, il s'opère en sa faveur, et de plein droit, une espèce de naturalisation tacite (3).

— L'hospitalité fut aussi pratiquée chez les anciens Gaulois; César l'atteste en ces termes : « *Hospites violare fas non putant qui quaque de causa ad eos venerunt ab injuria prohibent, sanctosque habent, usque omnium domus patet, victus que communicatur* (4). »

Dans les premiers jours de l'invasion, les Germains conservèrent à l'hospitalité son caractère de grandeur; on voit apparaître alors en Gaule, dit M. G. Massé (5), des lois hospitalières

(1) *Sermon*, 165.

(2) Lois anglo-saxonnes de Clotaire et d'Edric. — Lois d'Edouard-le-Confesseur, tit. 27, *de Hospitibus*. — Ces lois, au dire de Daguesseau lui-même, sont le plus pur reflet des mœurs germaines. — V. aussi Demangeat, p. 28.

(3) Sapey, *des Etrangers en France*, p. 20.

(4) *De Bello Gallic.*, l. 6, ch. 22.

(5) *Droit commercial dans ses rapports avec le droit des gens et le droit privé*, t. II, p. 7 et suivantes.

qui font preuve d'habitudes dont la trace se perdit bientôt... Et Michelet rapporte à cette époque cette loi des Burgondes, qui frappe d'une amende de 3 solidi celui qui refuse le couvert et le foyer à un voyageur. Il suffirait de citer encore les lois des Bavarois, qui placent les étrangers dans une position même plus favorable que les indigènes (1), la loi des Bourguignons (2) et les Capitulaires des rois francs, pour prouver l'extrême bienveillance de ces rapports.

— Mais, si l'étranger jouit de grands avantages chez les peuples encore nomades, pasteurs ou chasseurs (3), il n'en est pas de même chez les peuples agriculteurs (4). Les expéditions à la suite d'un chef de bande deviennent de jour en jour plus rares, la distinction qu'établit le partage du sol entre les vainqueurs et les vaincus, l'établissement définitif des Barbares dans la Gaule, tous ces faits durent empirer la condition des étrangers. Aussi constatons-nous à cette époque l'usage très fréquent de la *recommandation*, dont l'origine est dans les Gaules avant même la conquête (5); les riches *possesseurs* réunissent autour d'eux ces *advenæ tenuis abjectæ que fortunæ qui se quorumdam obsequiis jungebant;* cette nécessité de se choisir un patron fut même érigée en loi; faute de cette protection, l'étranger se

(1) *Lex Bajuvariorum*, tit. 3, ch. 12, § 1, 2 et 3 : « Si aliquis tam præsumptuosus fuerit ut peregrinum nocere voluerit, et fecerit, aut despoliaverit, aut occiderit, centum sexagenta solidos in fisco cogatur exsolvere ; et peregrinum si viventem reliquit injuria dupliciter componat sicut solet unum de infra provincia componere. »

(2) *Lex Burgundiorum*, t. XXXVIII, ch. 1, 2 et suivants : « Quicumque hospiti venienti tectum aut focum negaverit III solidorum inlatione mulctetur ; si conviva regis est VI solidos mulctæ nomine solvat. »

(3) « Chez ces peuples, en effet, qui transportaient leur patrie aussi facilement que leurs tentes, ce sentiment de défaveur envers les étrangers, qui est bien moins inné dans le cœur de l'homme qu'il n'est le résultat exalté de l'amour des conquêtes, comme chez les Romains, ou de la vanité nationale, comme chez les Grecs, ne devait pas avoir la même puissance. » M. Beugnot, *Essai sur les établissements de saint Louis*, Paris, 1821.

(4) M. Soloman, *Essai sur la condition des étrangers*, introduction.

(5) V. M. Demangeat, sur cet usage.

trouvait dans l'impossibilité de contracter (1). En attendant la condition de serf, il fait probablement partie de la classe des colons sous les deux premières races; on n'exigeait pourtant de lui aucun cens (2).

A cette époque, les étrangers, pas plus qu'en Germanie, ne purent *porter les armes (arma sumere)*, et jouir des droits de famille ou de propriété : *Ad quem cumque hereditas terræ pervenerit*, dit la loi des Angles, *ad illum vestis bellica aut lorica debet pertinere*.

Je dois insister ici sur un texte fort important : c'est celui des *leges Longobardicæ* (rotharis, CCCXC) ainsi conçu : « *Omnes Warengangi qui de exteris finibus in regno nostri finibus adveniant seque sub sculo potestatis nostri subdiderint legibus nostris longobardorum vivere debeant nisi legem aliam a pietate nostra meruerint. Si legitimos filios habuerint, heredes eorum in omnibus sicut et filii legitimi longobardorum, existant, et si filios non habuerint legitimos non sit illis potestas absque jussione regis res suas cuicumque thingare aut per quemlibet titulum alienare.* »

Canciani voit dans cette incapacité l'origine d'un droit, qui s'appellera droit d'aubaine : « *Nobis etiam exhibet ex tunc vigens in Italia jus albinagii* (3). »

Montesquieu, parlant des temps de l'invasion, assigne encore à ce droit la même date (4), et M. Demangeat développe avec talent cette opinion, combattue par M. Sapey (5).

Si le droit d'aubaine, tel que nous l'expliquerons bientôt, s'est définitivement régularisé de la période féodale à la période royale, il n'en est pas moins vrai que cette institution a sa ra-

(1) Capitulaire de Charlemagne en 806, § 2. — M. Laferrière, *Hist. du Droit*, III, p. 406 et suiv.

(2) Baluze, I, p. 500 ; II, p. 27, sur les lettres-patentes de Charlemagne et sur un Capitulaire de Charles-le-Chauve.

(3) *Bajuvariorum leges antiquæ*, v. 5, *Monitum*, p. 7.

(4) *Esprit des Lois*, liv. XXI, ch. 17.

(5) V. M. Demangeat, p. 107 et suiv. — Sapey, p. 38.

cine, si non bien profonde dans la Germanie, du moins dans la Gaule après l'invasion et avant la féodalité; j'induis notamment ce résultat de la loi des Lombards, liv. III, tit. 15 : « *Si legitimos filios,* » déjà citée; enfin, des testaments de Charlemagne et de Louis-le-Débonnaire, desquels il résulte clairement que, pour être capable de recueillir une succession, le *de cujus* et l'héritier devaient, à cette époque, être sujets du même prince (1).

Remarquons, en terminant, que jusqu'à l'époque de la féodalité, les divers peuples qui se trouvaient sur le sol de la Gaule étaient régis chacun par leurs lois personnelles; la loi des Francs y fut observée à côté de celle des Allemands, des Burgondes, des Wisigoths et des Saxons; nous pouvons citer comme exemple la loi des Wisigoths(2): « *Dum transmarini negotiatores inter se causam habuerint, nullus de sædibus nostris audire præsumat nisi tantummodo suis legibus audiantur apud telonarios suos* (3). »

II.

Condition de l'étranger sous la période féodale. — Servage.

L'hérédité des fiefs va changer la face de la société gallo-romaine : « Il faut observer, dit le savant de Laurière, que vers le commencement de la troisième race de nos rois, l'hérédité des fiefs s'étant établie, presque tous les roturiers, dans plusieurs provinces du royaume, devinrent mains-mortables et serfs de corps, et qu'ils furent considérés comme partie des fiefs où ils étaient domiciliés. »

Il ne nous appartient pas ici de rechercher les causes de la féodalité ; nous adoptons l'opinion de Laurière, qui la si-

(1) Premier Capitulaire de l'an 806.
(2) Liv. XI, § 2.
(3) V. aussi Fœlix. *Droit international*, p. 6, n° 5.

gnale dans l'hérédité des fiefs royaux ou bénéfices réels, qu'on opposait, au temps de Charlemagne, aux bénéfices d'honneur. Charles-le-Chauve achèvera, en 877, ce que Charlemagne lui-même avait commencé (1), au grand détriment de la monarchie.

A cette époque, la couronne semble posée sur la tête d'une ombre (2), et la souveraineté se mettant au niveau des intelligences, se rapetisse et se localise dans chacun des mille casiers de l'échiquier féodal (3).

On sait ce que devint le fief avec le temps, le comte en fut le chef indépendant; tout ce que renfermait ce petit royaume, gens et biens, lui appartenait; il en fut de même de tout ce qui y entrait; les serfs qui passaient d'une châtellenie dans une autre, *qui diœcœsim mutaverânt*, pour me servir d'une ancienne expression, tombaient au pouvoir du nouveau seigneur sur les terres duquel ils se trouvaient, à moins que des traités *de parcours et d'entrecours* n'eussent été réciproquement stipulés. Il en fut de même pour les étrangers au début, les seigneurs les considéraient comme de bonne prise, et les réduisirent en esclavage.

Il y eut alors des *serfs-aubains* (4). Les preuves abondent pour établir ce fait : « Il faut encore remarquer, dit Laurière, que les seigneurs, après avoir su ravir la liberté à leurs sujets, la ravirent aussi aux épaves ou aubains qui vinrent dans leurs

(1) Capit., liv. III, ch. 59. — Sapey, p. 23.

(2) Guizot, *Essai sur l'histoire de France*, p. 64.

(3) M. Troplong.

(4) L'étymologie du mot *aubains* a exercé les savants. M. Demangeat, après Cazeneuve, Laurière et Ducange, voit dans ce mot le nom d'*albani*, parce qu'il y aurait eu en France plus d'étrangers *écossais* que de tout autre pays, le nom d'Écossais, *albinich*, devenant alors un terme générique pour désigner tous les étrangers... — M. Sapey, après Bacquet (Extrait des Comptes, v° *Aubaine*, ch. 3), a vu l'origine de ce mot dans l'*Album* du Collecteur des mains-mortes, sur lequel était inscrit le dénombrement des étrangers à l'époque où ils durent payer le cens. — Cujas le faisait dériver d'*advena*, et Nicod d'*alibi natus*.

terres et leur justice. » *Il y a telles terres*, dit Beaumanoir (chap. 45), *quand un hons qui n'est pas gentiexhons de lignage, va manoir et y est residant un an et un jour, il devient, soit hons soit fame, serf du seigneur dessoubs qui il vient estre résidant.* « *Se aucun aubain*, dit la Coutume de Chateauneuf (art 20, tit. 2), *autrement appelé un avenu, est demeurant par an et jour dedans ladite châtellenie y est acquis serf audit seigneur*(1).

Pendant cette première période, qui se prolongea jusques vers le XVme ou XVIme siècle, les étrangers gardèrent la qualification de serfs. Faut-il s'étonner de ces résultats? Non, sans doute! Tout élément mobile n'est-il pas hostile à la société féodale, comme l'établit M. Michelet?

Ce que je viens de dire du servage ne s'entend que des pays de *servitude personnelle;* on distinguait en France des pays de *servitude réelle* : l'homme n'y devint pas la chose du seigneur; le serf *tenancier* ou *main-mortable*, pouvait racheter sa liberté, en abandonnant tout ou partie de ses biens ou de son mobilier.

Dans ces pays, l'étranger n'était donc pas serf. « *Cheste coutume* (celle du servage de corps), nous dit Beaumanoir, *ne queurt pas par nule part en la contée de Clermont... on ni perd pas l'estat de franchise.* » Mais les seigneurs s'emparaient, à titre de déshérence, des successions laissées par les aubains mourant *ab intestat* et sans enfants légitimes nés dans le pays : « *Habebant jus occupandi bona quecumque vacancia, etiam albinorum et spuriorum* (2). — Ils leur refusèrent aussi la faction du testament (3).

(1) Voyez encore la Coutume de Champagne, d'Anjou glosée, de Saint-Cyran en Brieuc, celle de Loudunois, et, enfin, les *Établissements de saint Louis*, ch. 3.

(2) Dumoulin, *sur la Coutume d'Anjou*, art. 40.

(3) V. de Laurière, v° *Aubaine*. — Michelet, *Orig.*, p. 407 : Les seigneurs avaient pressenti dans les étrangers cet élément antipathique à leur condition d'existence, ils les traitèrent en ennemis taillables et corvéables à merci, comme si en vérité il n'y eut eu rien de commun entre eux, ni amitié, ni droit des gens, ni traité possible. — Digeste, l. XLIX, t. 15.

Dans les pays de *non-servitude*, les étrangers étaient soumis au Droit romain, qui ne permettait le testament qu'aux citoyens (ils vivaient libres et mouraient serfs). En parlant bientôt des exceptions de l'aubaine, nous verrons que, dans certaines villes de privilége, l'étranger pouvait librement transmettre sa succession *ab intestat* ou par testament.

La condition de l'étranger, d'abord si rude dans les pays de servitude personnelle, allait insensiblement s'améliorer; les étrangers avaient été, dans le principe, incapables, comme les serfs, des droits de propriété, s'il faut en croire Glanvill cité par Littleton (1): *Non potest aliquis in villenagio positus libertatem suam propriis denariis suis quærere, quia omnia castella intelliguntur esse in potestate domini sui.* » Cependant, et comme aux esclaves à Rome, il allait bientôt leur être permis de se constituer un *pécule;* or, de la propriété à la liberté, il n'y a qu'un pas; les seigneurs eux-mêmes, pour satisfaire leurs propres intérêts, leur vendirent à prix d'argent cette liberté et ce droit de propriété, que Glanvill affirme trop généralement ne pas leur avoir appartenu; l'Église et la royauté, d'ailleurs, feront le reste... En attendant, il est un signe certain auquel je reconnais le progrès prochain de la condition des étrangers : c'est le paiement des anciens droits de chevage et de for-mariage, espèce de rançon de l'ombre de liberté qui leur était accordé.

Chevage.— Le chevage ou *cheuvage* prenait son nom de ce que chaque *chef* marié ou veuf, appelé *chevagier*, était tenu de l'acquitter; la quotité de ce tribut paraît avoir été de douze deniers parisis, et se payait annuellement le premier octobre, jour de la St-Rémi; le retard ou le refus de paiement était puni par une amende de dix sols six deniers parisis, ou de sept sols six deniers (2).

(1) Anciennes lois des Francs conservées dans les Coutumes anglaises traduites. (Houard, Rouen.)

(2) V. Bacquet, *Droit d'Aubaine.*— Denizart, vo *chevage* et *étranger*.

For-mariage. — L'esprit de la féodalité, dit M. Sapey (page 61), était un esprit de caste et d'exclusion ; aussi le mariage ne vint pas rapprocher les serfs et les classes privilégiées de cette première époque ; l'étranger, encore à cette époque, ne put s'allier qu'à ses pairs, mais cette prohibition fut modifiée par l'intérêt des seigneurs et du roi, qui levèrent cette incapacité à prix d'argent. Telle fut l'origine du for-mariage (1).

La quotité de cet impôt était fixée d'ordinaire à la moitié ou au tiers des biens ; à défaut de permission obtenue, nous dit Bacquet, l'étranger était encore tenu de payer 60 sols parisis d'amende. — Quoiqu'il faille voir dans le for-mariage une transformation heureuse d'un droit plus rigoureux encore, toujours est-il qu'il nous apparaît aujourd'hui comme une confiscation cruelle, au moyen de laquelle l'étranger n'obtenait le droit d'avoir une famille, qu'en la dépouillant par avance (2).

IV.

Condition de l'étranger sous la période royale.

Plusieurs causes ont concouru à l'abaissement de la puissance féodale. Nous avons vu les seigneurs, obéissant à un mobile intéressé, consentir d'abord à leurs serfs la vente de la liberté ; nous les avons vus transformer le servage proprement dit en droit de chevage, et permettre à leurs vassaux de s'élever jusqu'à eux par les liens du mariage. Quand même l'avidité des seigneurs ne les eût pas entraînés dans cette voie, le régime féodal, par l'excès de son inflexibilité, eût accéléré sa propre

(1) « Les bâtards, épaves, aubains, manumis, ne peuvent se marier à personne autre que de leur condition, sans le congé du roi. » (Bacquet, extrait des Comptes.) — « Bastards et aulbains se peuvent marier (au XVe siècle seulement), sans encourir les peines du for-mariage. » (Coutume de Châlons, art. 16.)

(2) Sapey, *des Étrangers en France*, p. 62 et 63.

ruine. Il n'est pas dans la nature humaine de se résigner facilement à l'esclavage (1). Les indigènes et les aubains secouent le joug qui les attache à la glèbe, et ne consentent à la paix, dit M. Guizot, que moyennant ces chartes qui préparèrent, l'une après l'autre, l'affranchissement des communes (2).

Au nombre des causes qui aidèrent ce mouvement d'émancipation, nous trouvons encore l'influence de l'Église. Au-dessus de ce monde féodal, où dominent la force, le morcellement et l'oppression, il est un pouvoir spirituel qui proclame l'esprit de fraternité humaine et l'unité de la loi morale (3).

L'on ne saurait trop insister sur l'influence profonde du christianisme et du droit canonique sur cette époque (4). En ouvrant un asile dans les villes qui leur appartenaient, au milieu des insurrections du Xe siècle, les évêques y avaient appelé les serfs; ils s'y agglomérèrent pour organiser la résistance. Avant même leur affranchissement, la condition des serfs d'Église était bien préférable. « Sous l'habit religieux, le serf est propriétaire, docteur, prélat, seigneur féodal et pontife (5). » Le canon du concile de Tibur, montre l'admirative faiblesse de l'Église pour les opprimés : « Quand les « esclaves viendront à vous, vous ne les chargerez pas « d'autant de jeûnes que les riches; imposez-leur seulement « la moitié de leur peine (6) » Le christianisme travaillait

(1) M. Soloman, p. XCVII.

(2) *Histoire de la civilisation en France*, 7e leçon.

(3) M. Laferrière, *Histoire du Droit français*, tome IV.

(4) V. sur cette question, le savant Mémoire récemment couronné par l'Académie de Législation de Toulouse.

(5) Louis Veuillot, *Droit du seigneur au moyen-âge*, p. 34.

(6) *Schannatis concilia Germaniæ*, tom. II : L'Église ne voulut jamais exiger des étrangers la caution *judicatum solvi*. — Voyez Johannes Gallus, question 19. — Demangeat, p. 96 et 97. — « On ne peut justifier le comble d'injustice avec lequel de prétendus docteurs, condamnant sommairement le moyen-âge, s'obstinent à n'y pas voir cet admirable instrument de civilisation, ce patron de l'humanité, cet universel ouvrier de Dieu qu'on appelle l'*Église*. » (Louis Veuillot, *loco citato*, p. 34.)

ainsi avec succès à faire pénétrer son influence morale dans la société, en se mêlant à la vie de chaque jour, aux mœurs populaires, aux faits sociaux, aux institutions publiques et privées (1). Les croisades, enfin, emportèrent les grands et le peuple, les barons et les serfs, vers le berceau du christianisme, où ils retrouvèrent, par la communauté des dangers et de la vie des camps, le dogme de la fraternité chrétienne, qu'ils ne pouvaient plus comprendre, les uns dans leurs forteresses, les autres dans leurs faibles bourgades : dogme spirituel et divin qui s'était comme éclipsé d'abord au moyen-âge, et auquel cependant avait été donné depuis mille ans l'avenir de l'humanité (2).

Les croisades avaient aussi favorisé l'essor du commerce, cet agent par excellence du progrès dans les sociétés modernes; la sécurité des routes s'était établie, le crédit commercial constitué. L'apparition des Juifs, voués au trafic de l'argent et des marchandises et à des courses continuelles, établit le contrepoids de ce système qui attachait les hommes au sol et ne donnait d'importance qu'à la richesse territoriale.

Une autre force devait renverser aussi la toute-puissance des seigneurs : c'était le pouvoir royal et les institutions qui, au moyen-âge, s'inspirèrent de son esprit. Ce pouvoir poursuivit sans relâche la réunion des fiefs au domaine de la couronne, pour réaliser une pensée qui est la base de toute notre histoire religieuse, politique, administrative et civile, l'unité française (3).

(1) M. Laferrière, *ibid.*, p. 38.

(2) M. Laferrière, *ibid.*, 42. — « Le grand bienfaiteur du moyen-âge est le christianisme. Le dogme, d'une origine et d'une destinée commune à tous les mortels, proclamé par la voix puissante des évêques, fut un appel continuel à l'émancipation des serfs; les hommes, de frères qu'ils étaient devant Dieu, devinrent égaux devant la loi, et de chrétiens, citoyens! L'esclavage, que le paganisme remet aux mains de la religion chrétienne, passe de la servitude au servage, s'élève du servage à la main-morte, et de la main-morte à la liberté. » (*Condition des personnes et des terres au moyen-âge*, par M. Guérard.)

(3) V. M. Laferrière, *ibid.*, p. 44 et suiv.; t. III, p. 1 et suivantes.

Il ne m'appartient pas de suivre cette lutte acharnée qui donne au peuple la liberté et à la royauté un royaume; l'issue n'en pouvait être douteuse. Les résultats de cette victoire se firent sentir dans le domaine de notre question : la royauté affranchit ses vassaux comme l'Eglise; elle avait appelé à elle tous les serfs, les enlevant ainsi à l'oppression seigneuriale, en ouvrant aussi des villes libres où les étrangers se réfugièrent, sous la protection d'un maître plus indulgent. Comme les serfs d'Eglise, les serfs du roi étaient d'une bien meilleure condition que les autres (1), aussi ces derniers s'efforçaient-ils souvent de changer leur condition.

Je n'ai point à examiner ici laquelle de ces deux forces, la royauté ou l'Eglise, eut la plus large part dans ce mouvement, qui devait changer la condition du serf et par conséquent celle de l'étranger. Néanmoins, qu'il nous soit permis de dire que le christianisme fut le premier à donner l'impulsion qui devait entraîner la royauté à réaliser l'unité dans l'Etat.

A cette époque, la royauté abaissant chaque jour les barrières qui séparent les châtellenies, on voit disparaître du nombre des aubains tous ceux qui, nés sur le sol de la France, passent d'une seigneurie dans une autre, *qui diœcesim mutaverant*. A leur tour ceux qui resteront étrangers proprement dits, cesseront d'être serfs.

On le voit donc, la condition de l'étranger s'améliore, mais le progrès de la veille n'est pas celui du lendemain; et cette condition continue de présenter à l'appréciation moderne de nombreuses incapacités que je vais énumérer.

Droit d'aubaine. — Nous avons déjà vu ce droit apparaître pour la première fois, dans les *leges Longobardicæ* citées plus haut; nous l'avons encore rencontré dans les pays de servitude réelle, où les seigneurs s'appropriaient les successions

(1) M. Laferrière, *Hist.*, t. III, p. 387 et suiv.

des aubains, à titre de déshérence, lorsque ceux-ci décédaient sans enfants légitimes nés dans le royaume (1).

Le droit d'aubaine va se régulariser pour remplacer le servage de corps, aboli avec la féodalité. L'exception des pays de servitude réelle deviendra la règle générale, et ce droit, exercé d'abord par les seigneurs, revendiqué avec tant d'ardeur par la royauté, passera entre les mains de cette dernière, en conservant son caractère de rigueur.

Comment et à quelle époque la royauté s'en est-elle mise en possession de ce droit?

La lutte paraît commencer au Xe siècle, avec saint Louis, qui jette le gant aux seigneurs en prenant les aubains sous son avouerie et protection royale : « *Se aucun aubain ou* « *bastard muert sans hoir, ou sans lignage, li roi est hoir, ou* « *li sires sous qui il est se il muert el cuer del chastel; mes au*- « *bain ne puet faire autre seigneur que le roy en son obéissance,* « *ne en nostre segnorie ne en soit ressort, qui vaille, ne qui soit* « *estable* » Il faut, à cette époque, distinguer l'aubain qui n'est pas né dans le diocèse, du *mescreu* ou *mesconnu en terre de gentilhons*. Le mescreu ou espave est celui qui naît hors du royaume : « *Se il servoit le gentilhons et il morust, le gentilhons* « *auroit la moitié de ses meubles; et se il muert sans hoir et* « *sans lignage, toutes ces choses seront au gentilhons, pourvu* « *qu'il rende sa dette et s'aumosne* (2). »

Le débat continue par la résistance des seigneurs, et ne nous offre longtemps pour résultat que les concessions alternatives des deux pouvoirs :

En 1301, une ordonnance de Philippe-le-Bel indique une de ces concessions dont je parlais; elle est faite par la royauté : les collecteurs des main-mortes n'exploiteront les biens des aubains, qu'autant qu'une enquête aura constaté « le roi en

(1) Ce sont les droits anciens des nobles d'avoir généralement tous droits de confiscation en leurs terres où ils ont haute justice. (Dumoulin.)

(2) *Établissements*, liv. II, p. 30.

bonne possession de percevoir et d'avoir les biens des aubains décédant dans lesdites terres(1). »

En 1355, le roi Jean Ier cède au comte de Brienne tous les droits qu'il pouvait avoir sur les aubains qui s'étaient avoués bourgeois du roi, et se désavouaient du comte dans ledit comté.

En 1386, les seigneurs doivent faire, à leur tour, l'abandon d'une partie de leurs priviléges : « *Sont et doivent estre* « *à nous, de nostre droit, tous biens meubles et immeubles des* « *personnes, gens, aubains et espaves qui trespassent sans conve-* « *venables héritiers, en quelque haulte justice que yceulx es-* « *paves ou aubains soient demourants*(2). »

Au XVIe siècle, la rédaction des Coutumes ne mit pas encore fin à la lutte; quelques-unes de ces Coutumes réservaient le droit d'aubaine aux seigneurs (3), tandis que d'autres, plus nombreuses, l'attribuaient à la royauté (4). La jurisprudence se prononça d'ailleurs en faveur de cette dernière, à partir de l'année 1566, époque à laquelle Bacquet publiait l'extrait des Comptes; nous citerons la sentence de MM. du Trésor, rendue le 7 octobre 1573, contre les religieux de Saint-Remi, et l'arrêt du 6 février 1597, contre l'abbé de Corbigny(5).

La doctrine se montrait, aussi, favorable à la royauté; Bacquet appelait le droit d'aubaine un droit *domanial, souverain et honorifique qui ne peut être cédé ni vendu;* Loiseau pensait qu'il était juste de l'attribuer au roi seul; mais l'opposition de Dumoulin suffisait à tenir l'opinion en suspens. « Des juges

(1) V. cette ordonnance, Recueil des *olim*, publié par M. Beugnot, tome II, p. 456.

(2) Ordonnance, 5 septembre 1386, art. 1er et suivants.

(3) Touraine, Anjou, Maine, Dunoi, Montargis, Hainaut, Senlis, Chablis, Auxerre, Sens, etc., etc.

(4) Amiens, Berry, Châlons, Chauny, Laon, Melun, Normandie, Orléans, Perche, Péronne, Ponthieu, Valois, Vermandois, Poitou et Vitry.

(5) V. Sapey, p. 43.

« vendus, disait-il, vont partout, touchant aux droits an-
« ciens de la noblesse, soutien de la monarchie(1). »

Malgré ces doutes, le droit d'aubaine fut déclaré *souverain, régal, inaliénable, imprescriptible, et l'un des plus beaux fleurons de la couronne de France.*

Ce droit d'aubaine, qu'il ne faut pas confondre avec l'exclusion des étrangers de la succession du régnicole (2), attribuait aux seigneurs, et plus tard au roi, les biens que l'étranger laissait à sa mort dans leurs États(3).

Chassanée, sur la Coutume de Bourgogne (titre des Confiscations), nous apprend que le droit d'aubaine s'appliquait à toute espèce d'étrangers : résidants, voyageurs et même ôtages; il frappait aussi l'étranger qui ne demeurait pas en France.

L'étranger put cependant transmettre sa succession à ses enfants nés et demeurant *dans le royaume* ou qui avaient été naturalisés, et ce bénéfice s'étendait même, dans ce cas, aux frères et sœurs de ces enfants nés hors du royaume(4).

Sous la royauté, le ministère public saisissait les biens de l'étranger et les faisait adjuger au prince, après une enquête sommaire pour constater la naissance du *de cujus* hors du royaume.

— Les pays de droit écrit prétendaient n'avoir jamais adopté les rigueurs de l'aubaine. Nous lisons à ce sujet, dans les arrêts notables de Maynard, que tout étranger vivant chrétiennement et catholiquement dans le pays de Languedoc, peut, sans lettres de naturalité, disposer librement de ses biens en faveur de qui

(1) Dumoulin, sur les art. 48 de la Coutume du Maine et 41 de la Coutume d'Anjou.

(2) Peregrini sive alienigenæ in regno franciæ non succedunt. (Alciat, ch. 14.

(3) Loysel nous apprend que, malgré cette incapacité, l'étranger put disposer de cinq sols parisis, *sepulturæ gratia*, c'est à dire pour dés[illegible]r les rigueurs de l'Église qui privait de la sépulture les déconfés et excommuniés, qui mouraient sans lui avoir fait quelques libéralités.

(4) Bacquet, première partie, ch. 4; quatrième partie, ch. 30.

il lui plaira. La ville de Bordeaux jouissait du même privilége ; il en était de même de la Guyenne et de la Provence (1). Ces priviléges furent défendus avec énergie contre les prétentions de la royauté, et reconnus dans l'intérêt du commerce par Louis XI (1472 et 1475) et par Charles VIII (1483), sur les plaintes des Etats de la province.

Il arrivait fréquemment que le roi abandonnait la succession des aubains, par des *lettres de don*, à quelques-uns de ses officiers ; mais pour arrêter les prodigalités souvent excessives de la couronne, MM. des Comptes se réservèrent le droit de restreindre le don à une certaine somme.

Le roi pouvait en outre effacer le vice de pérégrinité par des *lettres de naturalité*, qui le dépouillaient, moyennant finance, de l'éventualité de l'aubaine.

Ces lettres de *naturalité* conféraient à l'étranger la capacité active du testament ; mais, pour recueillir de lui, ses héritiers devaient être français de naissance ou naturalisés. Il faut distinguer, ici, les lettres de *naturalité* des lettres de *déclaration ;* ces dernières ne sont autre chose que la reconnaissance faite par le roi de la qualité de français, sujet d'une contestation. Elles ont un effet rétroactif, qui n'appartient pas aux lettres de *naturalité*.

Dans la suite, certaines villes furent dispensées du droit d'aubaine (2). Certaines personnes le furent aussi, notamment les marchands fréquentant les foires de Lyon, de Brie, de la Champagne et de la province de Narbonne, sauf en ce qui concerne les immeubles et les rentes constituées (3) ; les militaires et les marins, les étrangers travaillant dans

(1) Basnage, *Coutume de Bourgogne ;* — Cazeneuve, *Traité du franc-alleu*, tome I, ch. 16 ; — M. Demangeat, p. 198.

(2) Calais, Metz, Dunkerque, Marseille, la province d'Artois, le chapitre de la ville de Rheims.

(3) Édit de Charles IX, vérifié le 4 février 1572. — Lettres-patentes de Louis XI, 1462, — Ordonnance de Philippe de Valois, juillet 1331 ; — Bouteiller, *Somme rurale*, liv. I. p. 25.

les manufactures royales (1) ou au dessèchement des marais et à l'exploitation des mines (2); les Franc-Comtois (septembre 1482); les Suisses (8 octobre 1498, 12 mars 1514); les Génois (juin 1510); les Hollandais, (octobre 1632); les Avignonnais, les Milanais, les habitants de la Savoie et du Piémont, etc.

De nombreux traités diplomatiques avaient enfin, au comment du XVIIIme siècle, stipulé l'abolition réciproque du droit que nous étudions, et il est probable qu'il se serait insensiblement effacé de nos lois, si l'Assemblée Nationale ne l'eût brusquement aboli.

Avant de passer à l'explication des autres incapacités qui atteignaient l'étranger sous la période royale, je parlerai ici de la transformation du droit d'aubaine en droit de *détraction*, et de l'oubli dans lequel tomba le droit de for-mariage :

Saint Louis essaya le premier de poser un terme à la confiscation des successions étrangères, en affranchissant d'un pareil sort les biens de celui qui consentirait un legs de 4 deniers (3). Cette détraction (*de trahere*), d'une partie des biens de l'étranger en faveur du fisc, se régularisa peu à peu, et sa quotité fut fixée en général à 10 p. 0/0 de la valeur de la succession (4).

Le for-mariage était aussi tombé en désuétude; toutefois les rois qui faisaient remise de la finance, s'en autorisaient pour imposer, dans des moments pressants, certaines taxes aux étrangers (5).

Passons à l'énumération des autres incapacités de l'aubain :

Suivant Loysel, les aubains, même naturalisés, ne peuvent

(1) Édit de 1607, 1625, 1643, 1664, 1722.

(2) Édit de 1552 et 1607.

(3) *Établissements*, liv. 1, ch. 88, cité par Sapey, p. 87.

(4) Une déclaration du 18 mars 1768 portait cette détraction à 5 0/0 du capital pour les sujets de l'électeur de Bavière.

(5) Ordonnances de Henri II et Louis XIV.

tenir offices, bénéfices, fermes du roi ni de l'Eglise (1), à moins qu'une clause spéciale d'habilitation dans des lettres de naturalité ne les en eût rendus capables.

Ils ne pouvaient faire la banque dans le royaume, sans donner une caution de 150 mille livres.

Les étrangers, qui vers le XIVme siècle avaient été reconnus capables, selon la distinction du Droit romain remis en faveur par l'école de Bologne, de tous les actes du droit des gens (achat, vente, louage, etc.), ne purent cependant les exercer que dans de certaines limites :

Ils étaient soumis à la caution *judicatum solvi* toutes les fois qu'ils intentaient une action devant nos tribunaux. Toutefois, elle ne fut pas exigée en matière criminelle. J'indiquerai plus tard le but et la nature de cette caution.

Le bénéfice de la cession de biens leur était interdit (Ordonnance de 1667) (2). « On avait voulu empêcher ainsi, avait dit Bacquet avant l'Ordonnance, l'étranger de sucer à son avantage le sang et la moëlle des Français, et puis les payer en faillites.

Dans certains actes solennels, les étrangers ne pouvaient servir de témoins.

Enfin ils étaient soumis à une contrainte par corps rigoureuse (3).

IV.

Condition de l'étranger sous la période révolutionnaire.

La période royale nous conduit jusqu'à la date de 1789.

Le fameux décret du 6-18 août 1790 et celui du 8-15 avril 1791, abolissent non seulement l'aubaine, mais encore la pé-

(1) Institutes coutumières. — Ordonnances de Charles VII, 2 mars 1431; Charles VIII, 1493; de Louis XII, 1499, renouvelées par Louis XIX, en 1681 et 1683.

(2) Voyez plus bas.

(3) V. plus bas.

régrinité. — Fidèle au principe de Jean-Jacques « que les peuples doivent se lier non par des traités de guerre, mais par des bienfaits, » l'Assemblée Constituante pensa qu'en abolissant ces droits insensés, ces restes d'une aveugle barbarie, comme les appelaient les philosophes de l'époque (1), les autres nations, imitant sont généreux exemple, consacreraient, au profit des Français, le même privilége.

Les termes de ces lois se ressentent de l'élan impétueux avec lequel cette assemblée, d'immortelle mémoire, accueillit, sans trop de réflexion quelquefois, les principes inspirés par le désir excessif de régénérer l'ordre social (2).

Le décret de 1790 n'abolissant que le droit d'aubaine, ne réglait pas la question de capacité pour recueillir les successions françaises; mais celui de 1791 déclara que les étrangers pourraient succéder à un français ou à un étranger comme les nationaux eux-mêmes...

Ce décret énumère, en outre, une série de droits civils que le premier n'avait pas conférés; c'est ainsi qu'il accorde aux étrangers le droit de recevoir et disposer par tous les moyens autorisés dans nos lois...

Un troisième décret, du 13 avril 1791, étendit à toutes les possessions coloniales de la France les dispositions qui précèdent.

L'article 333 de la Constitution de l'an III (1795), porte encore : « Les étrangers établis ou non en France succèdent « à leurs parents étrangers ou français, et peuvent contracter,

(6) Necker, *de l'administration des Finances*, 1783. — De Vergennes, *Rapport qui précède les lettres-patentes de* 1787, etc.

(2) Voici les considérants du premier décret : « Attendu que ce droit est contraire aux principes de fraternité qui doivent lier tous les hommes, quel que soit leur pays et leur gouvernement; qu'établi dans des temps barbares il doit être proscrit chez un peuple qui a fondé sa constitution sur les droits de l'homme et du citoyen; que la France doit ouvrir son sein à tous les peuples de la terre, en les invitant à jouir, sous un gouvernement libre, des droits sacrés et inviolables de l'humanité. »

« acquérir, ou recevoir des français, par tous les moyens au-
« torisés par les lois. »

Constatons de plus, sous cette période, des facilités extraordinaires accordées à la naturalisation, qui ne s'obtenait autrefois que rarement et à prix d'argent (1).

La contrainte par corps qui frappait l'étranger pour toute espèce de dettes, fut encore adoucie par les lois révolutionnaires; il en fut d'abord affranchi, comme les français, d'une manière absolue, par le décret du 9 mars 1793, qui ne tarda pas à être rapporté, le 24 ventôse an V. Toutefois, la nouvelle loi n'appliqua cette contrainte aux étrangers que dans les mêmes cas où elle frappait les français. La loi du 25 germinal an VII n'apporta aucune modification à ce principe en matière civile; elle réglait seulement quelques cas spéciaux relatifs aux engagements de commerce.

Il est vrai que, pendant un instant, la guerre générale inspira à la République des sentiments de défiance contre les étrangers, et que le décret du 23 messidor an III et celui du 15 thermidor suivant chassèrent de France ceux qui n'y avaient pas leur domicile avant le 1er janvier 1792. Mais l'effet de ces lois cessa bientôt avec les causes qui les avaient produites.

A peine serait-il besoin de dire que, sous le Droit intermédiaire, les étrangers demeurèrent toujours assujettis à toutes les lois de police et de répression en vigueur sur le territoire français, et qu'ils purent être expulsés lorsque leur conduite était de nature à troubler l'ordre et la paix publique (2).

(1) V. *infrà*, — loi des 30 avril-1er mai 1790; — 3 septembre 1791; — 26 août 1792; — Constitution du 5 fructidor an X; — enfin, Constitution de l'an VIII.

(2) Constitution de 1791, titre 6.

DEUXIÈME DIVISION.

DROIT ACTUEL.

ÉTUDE DE LA CONDITION DE L'ÉTRANGER SOUS L'EMPIRE DU CODE NAPOLÉON ET DES LOIS SPÉCIALES QUI L'ONT SUIVI.

I.

Qui est étranger, et comment on cesse de l'être?

Le législateur de 1803, en organisant la grande famille française, avait à se demander sur quelles bases il ferait reposer la *nationalité*.

Il se trouvait en présence :

1° De la Constitution du 3 septembre 1791, qui attribuait la qualité de citoyen français à celui qui était *né* en France d'un père français;

2° De la constitution du 24 juin 1793, qui accepta comme citoyen français tous ceux qui naissaient en France et y fixaient leur domicile, en différant néanmoins jusqu'à leur majorité l'exercice des droits attachés à ce titre;

3° De la Constitution du 5 fructidor an III (22 août 1795), qui distingue les droits civils des droits politiques, attribuant *aux français* l'exercice des premiers, aux *citoyens français* l'exercice des seconds, et qui reconnut encore comme français tout homme *né* et résidant en France;

4° Enfin, de la Constitution du 22 frimaire an VIII (13 décembre 1799), qui s'exprimait ainsi : « Tout homme né et « résidant en France, âgé de 21 ans accomplis, qui s'est fait « inscrire. .... est citoyen français. »

La législation intermédiaire, à l'exemple de celle de nos anciens temps (1), avait donc reconnu ce principe, admis

(1) Bacquet, *Extrait des Comptes*, verbo *aubaine*, ch. 39. — Domat, *Droit public*, tome I, tit. 6, sect. 4, n° 5. — Pothier, *des Personnes*, première partie, titre 2.

encore de nos jours en Angleterre(1), que le seul fait de la naissance sur le sol, conférait la qualité de régnicole.

Tels n'étaient pas, on le sait, les errements de la loi romaine; la solution contraire était par elle ainsi formulée : *In jure nostro semper notatur origo paterna non origo propria et natale solum* (2).

Le projet de rédaction de l'article 7 du Code Napoléon portait expressément : « L'enfant *né* en France d'un étranger est français tant qu'il n'a pas abdiqué cette qualité en majorité. » Mais l'on fit observer au Conseil d'État qu'il serait irrationnel que la qualité de français fût le produit du hasard, et que le Code se montrerait plus logique en déterminant la nationalité par la filiation paternelle; n'était-ce pas d'ailleurs le moyen d'éviter que l'étranger, dédaignant la faveur de la loi, n'en fit usage que pour succéder en France et emporter dans son pays des valeurs considérables.

Aussi le principe qui faisait de la filiation du sang le fondement de la nationalité, et qui établissait cette origine comme un type transmissible de génération en génération, est passé dans nos lois (art. 10, C. N.), qui concilient pourtant (art. 9 et lois postérieures de 1849 et 1851) ce que cette règle générale aurait de trop rigoureux, avec la faveur due au lieu de la naissance.

L'art. 10 s'exprime ainsi : « Tout enfant né d'un français en pays étranger est français. » La faveur de la filiation est tellement prononcée, qu'aux termes du même article, « tout enfant né en pays étranger d'un français qui aurait perdu cette qualité, pourra toujours la recouvrer en remplissant les formalités prescrites par l'art. 9. »

En second lieu, l'art. 9 dispose : « Tout individu né en France d'un étranger, pourra, dans l'année qui suivra l'époque

(1) Blackstone, *Commentaire des lois anglaises.*

(2) Digest., *de Statu person.* V. Cujas sur cette loi.

de sa majorité, réclamer la qualité de français, pourvu que dans le cas où il résiderait en pays étranger, il fasse sa soumission de fixer en France son domicile et qu'il l'y établisse dans l'année à compter de l'acte de soumission. »

Les lois du 22 mars 1849 et 7 février 1851 sont venues modifier l'art. 9 :

La première admet l'individu né en France d'un étranger, même après l'année qui suivra sa majorité, à faire la déclaration : 1° S'il sert ou s'il a servi dans les armées françaises de terre ou de mer ; 2° s'il a satisfait à la loi du recrutement sans exciper de son extranéité.

La seconde porte, art. 1er : « Est français, tout individu né en France d'un étranger qui lui-même y est né, à moins que dans l'année qui suivra sa majorité, telle qu'elle est fixée par la loi française, il ne réclame la qualité d'étranger par une déclaration faite, soit devant l'autorité municipale du lieu de sa résidence, soit devant les agents diplomatiques ou consulaires accrédités en France par le gouvernement étranger. — Art. 2 : L'art. 9 du Code Nap. est applicable aux enfants de l'étranger naturalisé, s'ils étaient mineurs lors de la naturalisation ; à l'égard des enfants qui étaient majeurs à cette même époque, l'art. 9 du C. N. leur est applicable dans l'année qui suivra celle de ladite naturalisation. »

Distinguons alors : 1° Les enfants nés en France d'un étranger né hors de France et qui demeurent régis par l'art. 9 ; 2° les mêmes enfants nés en France d'un étranger né hors de France et non naturalisés avant leur majorité, mais qui se trouvent dans l'un des deux cas prévus par la loi de 1849 ; 3° les enfants nés hors de France d'un étranger qui s'est fait naturaliser avant leur majorité, et tous ceux nés en France ou hors de France, d'un étranger naturalisé après leur majorité ; ils sont régis par la combinaison de l'art. 9 avec l'art. 2 de la loi de 1851 ; 4° enfin, les enfants nés en France d'un étranger qui lui-même y est né ; ils sont soustraits aux principes de l'art. 9 et régis par l'art. 1er de la loi du 7 février 1851 (1).

Au sujet des enfants qui rentrent dans la première catégorie, plusieurs questions ont été soulevées par la doctrine.

1° Doit-on leur appliquer le bénéfice de la maxime : *Infans : conceptus pro jam nato habetur quoties de commodis agitur?* en d'autres termes, est-ce l'époque de la conception en France ou celle de la naissance dans ce pays qu'il faut considérer? En présence des termes si formels de l'art. 9 : l'*enfant né*, et de l'Exposé des motifs au Conseil d'État (2), le rejet de cette maxime, dans l'espèce, me semble rationnelle.

En second lieu, s'agit-il dans notre article de la majorité française ou de la majorité étrangère? L'article 9 me semble considérer l'enfant comme français dès l'instant de sa naissance, sous la condition résolutoire du défaut de déclaration; cet enfant n'est donc pas soumis, à ses yeux, aux règles personnelles étrangères concernant son état; sa majorité est fixée par la loi française (3).

Enfin, l'enfant dont s'agit, lorsqu'il aura rempli les formalités exigées par la loi, sera-t-il français seulement pour l'avenir, ou bien cette qualité rétroagira-t-elle au jour de sa naissance? Cette question était surtout importante avant la loi du 14 juillet 1819 qui abroge les incapacités de succéder. — Plusieurs auteurs et un arrêt de Cassation du 19 juillet 1846, admettent, avec nous, la rétroactivité de la concession. — En

(1) V. explication sur le Code Napoléon par M. Marcadé, de bien regrettable mémoire!

(2) Les rédacteurs du Code ont pensé que la difficulté de savoir : si le changement d'état que pourrait subir le père ou la mère est antérieur ou postérieur à l'époque mystérieure de la conception, donnerait lieu à trop de procès. L'époque de la naissance est, au contraire, toujours facile à prouver. La question fut devenue inextricable, si les parents eussent changé trois ou quatre fois de nationalité avant la naissance. — Mourlon, *Répét. écrites*, 1, 69. — Zachariæ, *Code civil*, 1, 153, note 3. — M. Soloman, p. 5.

(3) Zachariæ, 1, 153, note 4. — Duranton, 1, 129. — Valette sur Proudhon, 1, 180. — Demolombe, 1, 163. — Marcadé, 1, 89.

effet : l'argument qui s'induit de l'opposition des termes *réclamer* et *recouvrer* dans les art. 9 et 10 § 2 ; le défaut de renvoi à l'art. 9 par l'art 20 ; les discussions sur l'art. 9 au Conseil d'État, desquelles il semble résulter qu'en donnant la préférence à l'origine paternelle pour établir la nationalité, le législateur n'a pas entendu proscrire la faveur due au lieu de la naissance..., semblent devoir faire repousser le système plus étroit des partisans de la non-rétroactivité. Je n'étendrais pas pourtant ce bénéfice au cas spécial prévu par l'art. 2 de la loi de 1851, qui n'a pas voulu assimiler les deux conditions : les enfants dont elle s'occupe ne peuvent évidemment avoir la qualité qu'on leur accorde qu'à partir du fait qui la produit (1).

Comment déterminerons-nous la nationalité de l'enfant naturel, qui peut avoir des parents français ou étrangers?

S'il n'a été reconnu ni par le père, ni par la mère, la nationalité se déterminera *jure loci;* l'origine du lieu constitue dans ce cas une présomption de l'origine selon le sang (2).

Si la mère seule a reconnu légalement l'enfant ou qu'un jugement l'ait rattaché à elle, le père restant inconnu, cet enfant devrait suivre, à mon avis, la condition de sa mère.

La reconnaissance paternelle doit prévaloir sur la reconnaissance maternelle ; supposons un enfant né d'une étrangère et d'un français qui l'ont reconnu tous deux ; cet enfant conservera la qualité de français, parce que, entre deux nationalités également démontrées, celle du père qui l'accepte pour enfant dans l'ordre légal, dont il prendra le nom et sous la puissance duquel il vivra, doit incontestablement l'emporter (3). L'enfant

(1) Zachariæ, I, 153. — Toullier, I, n° 261. — Locré, tome II, p. 35 et suiv. — Voyez les paroles du premier consul.

(2) Un décret du 11 juillet 1793 déclarait les enfants-trouvés enfants naturels de la patrie.

(3) Jurisprudence favorable de la Cour de Cassation, 13 juillet 1810. — Valette sur Proudhon. — Sapey, p. 170. — Duranton, n° 121.

reste, dans tous les cas, admis à contester la sincérité de cette reconnaissance (1).

Les enfants adultérins ou incestueux ne pouvant être reconnus ni par leur père ni par leur mère (2), auront la nationalité du lieu de leur naissance, quelle que soit leur origine; il est pourtant des cas où cette question d'origine (*jure sanguinis*) pourrait influer sur leur nationalité; ainsi lorsqu'un jugement criminel établit la qualité d'enfant adultérin ou incestueux, etc.

— La perte de la qualité de français peut ranger le régnicole dans la classe des étrangers; elle s'opère : 1° par le mariage de la femme française avec un étranger (art. 19, 1°, C. N.).

Un mariage putatif attribuera-t-il la qualité d'étrangère à la femme française? Je ne saurais le penser; c'est l'essence même du mariage et non la volonté de la femme, qui opère le changement de nationalité (3). Les art. 201 et 202 C. N., ne parlent d'ailleurs que des effets civils, et nous sommes ici dans le domaine du droit politique. Posons enfin comme principe que la femme, dont le mari perdra sa nationalité après la célébration du mariage, ne deviendra pas étrangère; le caractère de pénalité qui s'attache à la déchéance de cette qualité la rend exclusivement personnelle au mari (4).

La qualité de français se perd : 2° par une déchéance légale :

(*a*) Naturalisation acquise en pays étranger (art. 17, 2°, C. N.).

(*b*) Acceptation, non autorisée par l'empereur, de fonctions publiques conférées par un gouvernement étranger.

(c) Etablissement fait en pays étranger sans esprit de retour

(1) Art. 383-757-158-158, C. N. — Douai, s. v. 36-2-97. — *Nec obstat* la loi 24 au Dig., *de Stat. hom. et Ulp. reg.*, v, 8. A Rome, le *vulgo quæsitus* n'avait pas de père et ne pouvait pas en avoir. (Loi 23, *ibidem.*) — Inst. 1, 4, § 1. — M. Soloman, p. 4.

(2) Art. 335, C. N.

(3) M. Soloman, p. 7.

(4) *Antiquisimum hoc erat juris romani principium neminem posse invitum jura civitatis amittere.* (Heineccius, *Antiq. rom.*, liv. 1, tit. 16, § 10.)

(art. 17, 3°, C. N.). L'exception faite en faveur des établissements de commerce n'empêcherait pas l'application de cet article, s'il était constaté que le négociant a renoncé à tout esprit de retour (1).

(*d*) Acceptation, sans autorisation de l'empereur, du service militaire chez l'étranger, ou affiliation à une corporation militaire étrangère (art. 21, 1°, C. N.).

3° Elle se perd, enfin, par un démembrement de territoire; les habitants d'un pays démembré changent de nationalité avec le territoire, s'ils continuent à y résider (2).

— Il me reste à expliquer comment l'on cesse d'être étranger.

L'étranger peut devenir français : 1° par le bénéfice de la loi; 2° par les modes au moyen desquels on peut se relever des déchéances dont j'ai parlé; 3° par la naturalisation; 4° enfin, par la réunion d'un territoire étranger.

1° *Bénéfice de la loi.* — J'ai parlé du bénéfice de la loi en m'occupant de l'art. 9 modifié par les lois de 1849 et 1851; il me suffira d'énoncer le cas des art. 10 et 12 de notre Code, qui s'occupent de l'enfant né en pays étranger d'un ci-devant français; et de la femme étrangère qui peut devenir française par son mariage.

2° *Modes au moyen desquels on peut se faire relever de certaines déchéances.* — Les art. 18, 19 et 21 édictent, en faveur des Français, certaines prescriptions à l'aide desquelles ils peuvent recouvrer leur qualité perdue par suite de déchéance.

3° *Naturalisation.* — Les lois du 3 avril 1790 et 3 septembre 1791, inspirées par l'esprit du droit intermédiaire, introduisaient nous l'avons vu, de grandes facilités pour la

(1) Arrêt de la Cour de Poitiers; Dalloz, 30-2-140.

(2) Pothier, *des Personnes*, t. 2, sect. 2.

naturalisation; elles exigent seulement 5 ans de domicile, joint à une acquisition d'immeubles, à un mariage français, à la formation d'établissements de commerce ou d'agriculture, pourvu que l'étranger prête en outre le serment civique. Ces lois attribuaient au pouvoir législatif la faculté de conférer le titre de citoyen sans condition, pour des considérations importantes.

La Constitution du 24 juin 1793, art. 4, offre encore plus de facilité : un an de résidence et, en définitive, un titre quelconque auprès du pouvoir législatif, constatant qu'on a bien mérité de l'humanité, suffisent pour pouvoir être admis à l'exercice des droits de citoyen français.

La Constitution du 5 fructidor an III (22 août 1795), tient un peu plus haut la faveur dont celle de 1793 se montrait prodigue : l'étranger ne devient citoyen français que lorsque, après avoir atteint l'âge de vingt-un ans accomplis et déclaré l'intention de se fixer en France, où il est déjà propriétaire..., époux..., il y a résidé pendant sept années consécutives.

La constitution du 22 frimaire an VIII (13 septembre 1789), élève à dix ans le chiffre des années de résidence exigées par la précédente; elle est modifiée elle-même par le senatus-consulte du 26 vendémiaire an XI (18 octobre 1812), rendu perpétuel en 1808 (19 février). Ce senatus-consulte ne parle que d'un an de domicile en faveur des étrangers qui ont rendu des services importants à l'Etat, ou apporté chez nous des talents, des inventions, une industrie utile, ou qui y forment de grands établissements. — En 1809, et le 17 mars, l'empereur confirma le principe posé par la constitution précédente : qu'au pouvoir qui veille à la sûreté de l'Etat, appartient seul de prononcer la naturalisation.

L'ordonnance du 4 juin 1814 établit que la naturalisation ne conférait pas le droit politique tout spécial de siéger à l'une ou à l'autre des Chambres; des lettres de *grande naturalisation*, vérifiées par ces Chambres, étaient nécessaires à cet effet.

Enfin, les ordonnances du 8 octobre 1814 et la loi du 28 avril 1816, établissent, au sujet de la naturalisation, le paiement de quelques droits (100 francs environ).

Une sage réaction avait conduit là cette intéressante matière, lorsque le décret du gouvernement provisoire du 28 mars 1848, permit au ministre de la justice d'accorder la naturalisation à tous les étrangers qui la demanderaient, justifiant par actes officiels ou authentiques qu'ils résidaient en France depuis cinq ans au moins, et produisant en outre, à l'appui de leur demande, l'attestation, par le maire de Paris, ou par le préfet de police pour le département de la Seine, et par le commissaire du gouvernement dans les autres départements, qu'ils sont dignes de jouir des droits de citoyen français... Le gouvernement était de plus autorisé à faire, s'il le voulait, remise de la finance.

Cette mesure d'entraînement politique eut pour résultat d'attribuer les droits de citoyens à des milliers d'individus, dont beaucoup, à raison de leurs habitudes cosmopolites, n'offraient aucune garantie à la France; c'est ce qui détermina la loi plus réfléchie du 3 et 11 décembre 1849, qui abrogea le décret de 1848 (1).

D'après l'art. 1er de cette loi, il appartient au chef de l'Etat de statuer sur la demande en naturalisation; ce bienfait n'est plus le résultat, comme en 1791 et 1795, du fait seul de l'accomplissement de certaines conditions : un acte libre de souveraineté le confère.

L'art. 2 exige que l'étranger, âgé de vingt-un ans, ait obtenu l'autorisation d'établir son domicile en France, conformément à l'art. 13 du Code Napoléon, et qu'il y ait résidé pendant dix ans depuis cette autorisation; ces conditions donnent seules à l'acte par lequel l'étranger adopte la France, ce caractère de fixité et de permanence, de maturité légale qui

(1) V. dans Duvergier le Rapport remarquable de M. de Montigny sur cette loi.

le rendra sûr et durable; le même article décide que l'étranger naturalisé ne jouira du droit d'éligibilité (*salvo jure acquisito, art. 5 de la loi*), à l'Assemblée nationale, qu'en vertu d'une loi. La naturalisation pourra cependant prendre le caractère spontané d'une récompense ou d'un encouragement national, et le délai de dix ans être réduit à un an, lorsque l'étranger aura rendu d'importants services ou apporté en France une industrie, une invention utile, des talents distingués, ou qu'il y aura formé de grands établissements (1). L'article 6 enfin (2), dispose que l'étranger qui aura fait, avant la promulgation de cette loi, la déclaration prescrite par l'art. 3 de la Constitution de l'an VIII, pourra, après une résidence de dix années, obtenir la naturalisation en la forme indiquée par l'art. 1er; il sauvegarde le droit acquis de ne point demander l'autorisation d'établir en France son domicile.

4° *Réunion.*—Il s'agit dans ce cas d'une naturalisation collective des habitants d'un territoire incorporé à la France; les traités ou la conquête consommée, peuvent seuls donner à ce fait un caractère légal.

La loi du 14 octobre 1814, dans un cas spécial, celui du démembrement de quelques départements que les conquêtes de l'Empire avaient réunis à la France, et que les traités en avaient plus tard séparés, considérait pourtant leurs habitants avec plus de faveur que les étrangers ordinaires; elle les relevait de la nécessité d'une déclaration préalable, exigée par l'art. 3 de la Constitution de l'an VIII, lorsqu'ils s'étaient établis sur le territoire actuel de la France et y avaient résidé dix ans depuis leur majorité... « à la charge par eux de déclarer,

(1) *Infrà*, s.-c. 26 vendémiaire an II et 19 février 1808.

(2) Je néglige à dessein l'art. 4 qui s'occupe d'une question de réunion, et les art. 3, 7, 8 et 9 relatifs au séjour des étrangers; leur explication viendra bientôt.

dans un délai de trois mois, qu'ils persistaient dans l'intention de se fixer en France. » Cette loi leur accordait, à cet effet, des lettres de déclaration. Mais ce délai fut regardé comme comminatoire; de là était née la nécessité d'abroger une loi qu'on n'avait cessé d'appliquer; c'est le but de l'art. 4 de la loi du 11 décembre 1849 (1).

II.

Condition de l'étranger au point de vue des droits politiques, des droits publics et des droits civils.

Les droits dont l'homme peut jouir dans la société, sont de différentes sortes : les uns lui permettent de concourir à l'organisation et à l'exercice de la puissance publique ; ce sont les *droits politiques;* d'autres, indépendants de ceux que j'ai nommés droits politiques, quoiqu'ils soient aussi des droits constitutionnels, se distinguent de ceux que j'appellerai *droits civils;* ils consistent dans des facultés naturelles imprescriptibles, garanties de toute existence sociale, et se nomment *droits publics;* une troisième classe comprend ceux qui ont rapport aux relations de la vie privée, et sont appelés *droits civils* ou droits des intérêts privés.

Il faut déterminer la position de l'étranger par rapport à chacun de ces droits.

§ 1. *Droits politiques et fonctions publiques.* — Le principe de l'autonomie et de la liberté respective des nations, faisait une nécessité de régler d'une manière restrictive la participation de l'étranger à l'établissement et à l'exercice de la puissance publique (2).

(1) V. cet article.

(2) Il est certains droits politiques que ne possède pas l'étranger naturalisé (éligibilité à la Chambre législative, article 1, loi du 11 décembre 1849 précitée); de même que certaines concessions légales pourraient attribuer à

Les pouvoirs se divisent, en France, en pouvoir législatif, exécutif et judiciaire. L'étranger est exclu de toutes les fonctions qui se rattachent à chacune de ces branches; c'est ainsi notamment que :

L'étranger ne peut élire ni être élu à la représentation nationale. Il ne peut faire partie du Sénat ou du Conseil d'Etat; il ne peut être nommé ministre (1); être appelé aux fonctions de préfet, de sous-préfet (2), de membre d'un conseil général ou d'un conseil d'arrondissement; de maire, adjoint ou membre d'un conseil municipal; ni à celles de membre du ministère public, commissaire de police, gendarme, garde-champêtre; il ne peut prétendre à aucune fonction de l'ordre judiciaire, depuis la cour régulatrice jusqu'aux justices de paix (3).

L'étranger peut-il être arbitre ou expert? Il peut être arbitre volontaire, selon le sentiment de Cujas (sur la loi 1, ff. *de Recept.*). Les décisions de l'arbitre ont un caractère purement privé et n'emportent pas par elles-mêmes la force exécutoire. Mais la fonction d'arbitre forcé lui est interdite, elle n'est, en effet, que la délégation des pouvoirs du juge (art. 1019, 1020, 1023, C. Pr.). Exceptons toutefois les art. 414 4°, et 416 du Code de Commerce.—L'on voit généralement dans l'expertise, comme dans l'arbitrage forcé, la délégation d'une partie de la fonction du juge (art. 42, C. Pr.).

Il ne peut être membre du jury en matière criminelle ou en matière d'expropriation pour cause d'utilité publique (4), il ne

l'étranger même non naturalisé l'exercice de certaines fonctions se rattachant aux droits politiques v. g. les art. 9 et 10, loi du 22 mars 1831, desquels on induisait le droit pour l'étranger *admis à jouir des droits civils* de faire partie de la garde nationale.—Cette loi est du reste abrogée par l'art. 120 de la loi du 26 juin 1851.

(1) Art. 58 de la Constitution du 22 frimaire an VIII.

(2) *Ibid.*, art. 59.

(3) *Ibid.*, art. 20-27-31-67; — art. 8 du s.-c. du 16 thermidor an X.

(4) Loi de 1840, art. 29. — M. Soloman, p. 28.

peut faire partie des armées françaises (1), et comme application de ce principe, nous rencontrons des lois qui leur interdisent l'entrée dans nos écoles spéciales militaires (2); il ne peut occuper une fonction épiscopale, être vicaire-général (3), il est exclu des fonctions publiques ecclésiastiques dans le culte protestant ou israélite (4). A raison de l'influence que ces fonctions peuvent avoir sur la santé publique, l'étranger non-naturalisé ne peut être médecin ou chirurgien, à moins qu'il ne soit gradué en France, car son diplôme lui confère alors le droit d'exercice (5).

Il peut de même exercer la profession d'avocat, pourvu qu'un diplôme délivré chez nous lui donne cette faculté. Vainement objecterait-on le serment à faire et la possibilité d'être appelé à remplacer, dans l'ordre du tableau, un des membres absents des tribunaux; le serment d'avocat n'implique pas aujourd'hui l'idée d'un lien politique; en second lieu, la simple qualité de défenseur n'emporte nullement la qualité de juge; la loi n'appelle l'avocat à siéger comme juge, qu'autant qu'il réunit d'ailleurs les qualités requises pour cette fonction; les étrangers ne peuvent en outre, d'après un arrêté du Conseil royal du 24 juillet 1840, être admis officiellement aux cours des Écoles de Droit, sans une autorisation du ministre de l'instruction publique en Conseil royal de l'Université... Pourquoi la nécessité de cette autorisation officielle, si elle ne leur donnait pas la faculté de faire plus tard usage d'un titre auquel elle permet de prétendre (6)?

(1) Loi du 21 mars 1832. — Le décret du 21 septembre 1793, art. 2, admet les matelots étrangers à former le quart d'un équipage français.

(2) Ordonnance du 4 octobre 1844, art. 9. — 7 mai 1841, art. 6.

(3) Art. 16 du Concordat du 18 germinal an X.

(4) Concordat, art. 1 — Ordonnance du 23 mai 1844, art. 28 et 57.

(5) Art. 4, loi du 19 ventôse an 11. — Les lettres-patentes du 28 novembre 1638, leur interdisent les fonctions d'épicier et d'apothicaire.

(6) *Contrà* MM. Legat, Dupin, Demolombe et plusieurs conseils de l'ordre des avocats.

Les étrangers ne peuvent être investis d'une charge d'avoué (l'on exige de ces fonctionnaires la jouissance des droits civils et civiques)(1)...; d'huissier, de commissaire priseur, agent de change et courtier. — Ils sont incapables d'exercer les fonctions de notaire (2), d'être témoins dans un acte authentique (3) ou dans un testament (art. 986, C. N.). Ils ne peuvent exercer des fonctions publiques dans l'enseignement, v. g. celle de principaux de collége, de professeurs, de chefs d'institution, à moins de se trouver dans certaines conditions déterminées par des lois spéciales (4):

Il leur faut notamment, pour ouvrir et diriger une école primaire ou secondaire libre, indépendamment des qualités exigées des nationaux, jouir des droits civils et produire une autorisation du ministre de l'instruction publique, après avis du Conseil supérieur; ils peuvent cependant être nommés surveillants ou professeurs dans ces écoles, en se conformant à la dernière de ces conditions. Quant à la direction d'écoles ou d'établissements publics, ils ne peuvent être nommés instituteurs communaux ou instituteurs adjoints, inspecteurs primaires, directeurs ou maîtres adjoints dans une école normale primaire, s'ils n'ont préalablement obtenu des lettres de naturalisation.

Il en est de même pour toute fonction à titre définitif, dans les établissements publics d'instruction secondaire.

§ 2. *Droits publics.* — Les étrangers peuvent invoquer chez nous le bénéfice de tous les droits publics, à moins d'exceptions ou de restrictions légales.

(1) Déclaration du 26 janvier 1780. — Sirey, 40-2-533.

(2) Loi du 25 ventôse an XI, art. 35 et suiv.

(3) Loi du 29 ventôse an XI, art. 9. — *Secùs*, sur les actes de l'état civil, simple fait à constater.

(4) Serrigny, tom. I, p. 217. — Lois des 15 mars et 8 mai 1850, art. 78, et décrets des 5 et 27 décembre, § 1, 2, 3 même année.

C'est ainsi qu'ils jouissent du bénéfice de la non-rétroactivité des lois, d'une égale justice (immunités et garanties de la procédure, récusation, prise à partie, appel, répression égale pour leurs crimes et délits; la caution *judicatum solvi*, la contrainte par corps plus sévère à leur égard, me paraissent des exceptions à ce principe); — ils peuvent se prévaloir de la liberté de conscience et du culte, pourvu que la religion étrangère qu'ils introduiraient en France ne soit pas contraire à l'ordre public et aux bonnes mœurs (art. 3, Code Napoléon); ils doivent, d'ailleurs, pour jouir de ces libertés, se conformer aux nécessités d'autorisation qui pourraient être exigées par nos lois; — ils possèdent la liberté de la presse et de la parole, c'est à dire qu'ils peuvent, par ces voies, publier leurs pensées sous leur responsabilité personnelle; mais s'ils peuvent écrire ainsi dans un journal, ils n'ont pas, d'après l'art 1er de la loi de 1828, la faculté de publier une feuille périodique et d'en être le gérant responsable. — Ils jouissent du droit de sûreté générale quant aux personnes et aux propriétés : leur maison est inviolable comme celle des citoyens (loi du 10 vendémiaire an IV); ils peuvent exercer des poursuites tendant à prévenir des scandales ou à demander la réparation des injures (1); ils profitent, comme les français, de la responsabilité des communes (2). Leurs propriétés ne peuvent être grevées d'impôts, autrement que les propriétés françaises; enfin, ils peuvent réclamer le bénéfice de tous les droits qui forment, d'après nos mœurs politiques, la base de notre ordre social.

§ 3. *Droits civils*. — Pour exposer avec méthode la condition de l'étranger sous le rapport de la jouissance des droits civils, je les diviserai en trois classes :

1° Etrangers simples résidants, voyageurs, ou qui fixés

(1) M. Mangin, *Action civile*.

(2) Cassation, 1841. — Sirey, 41, 1. 41.

dans notre pays sans esprit de retour chez eux, n'ont pas obtenu l'autorisation exigée par l'art 13;

2° Etrangers autorisés à établir leur domicile en France;

3° Etrangers privilégiés, tels qu'ambassadeurs et consuls.

Mais il faut, avant d'étudier chacune de ces positions, établir ici la théorie des *statuts*, car elle domine toutes les questions que j'ai à examiner dans ce paragraphe.

Théorie des statuts. — Avant 1789, la France se divisait en deux grandes parties : les pays coutumiers, qui occupaient le nord; les pays du midi ou de droit écrit, qui, fidèles aux traditions romaines, avaient résisté à l'élément envahisseur et reconnaissaient l'autorité d'un autre Droit. — Ces deux parties de la France formaient entre elles des départements indépendants que quelques lois générales, il est vrai, reliaient ensemble, mais que la rédaction de coutumes particulières isolait les uns des autres et faisait pour ainsi dire étrangers. C'est à ce sujet que Voltaire avait écrit : « Lorsqu'un homme voyage en France, il change de lois presque autant de fois que de chevaux de poste. »

Il appartenait à Napoléon Ier, génie organisateur de premier ordre, de réaliser l'unité de l'État, ce rêve des plus grands monarques et des plus grands jurisconsultes.

Mais jusqu'à l'avènement d'une législation uniforme pour toute la France, que de conflits entre les statuts des différentes provinces! quelle diversité dans les opinions des docteurs les plus profonds! D'Argentré, Boullenois, Daguesseau, s'épuisèrent en consciencieuses recherches, sans pouvoir décider ce qui était de statut réel ou ce qui était de statut personnel, et l'on avait pourtant admis de bonne heure que le statut réel devait régir tous les biens d'une province, abstraction faite de leurs possesseurs, tandis que le statut personnel, celui du domicile, qui réglait la capacité de la personne, devait la suivre en tous lieux... On se demandait, par exemple, si le droit de se faire des donations entre époux, à titre de gains de survie, appartenait aux statuts réels ou personnels... L'impuissance dans laquelle les meilleurs esprits s'agitaient sans trouver une ligne véritable de démarcation, avait fait admettre une troisième espèce de statuts, les statuts *mixtes*, participant tout à la fois des deux natures et qui n'expliquaient que l'embarras de leurs inventeurs (1).

De nos jours, la difficulté, pour s'être déplacée, n'en est pas moins sérieuse; les différentes nations, à raison de la fréquence toujours croissante de leurs rapports, se trouvent dans la position des anciennes provinces; et il faut savoir, les mêmes principes étant admis, si telle loi, pour son application aux étrangers, appartient à tel ou tel statut.

Cherchons à notre tour une théorie qui puisse, sans les résoudre toutes, décider, comme disait Boullenois, le plus grand nombre de questions mixtes.

Est *réel*, le statut qui s'occupe directement du régime des biens, qui règle leur manière d'être, les différents modes de leur acquisition et de leur transmission. — Ce statut frappe tous les biens situés en France, qu'ils appartiennent à des régnicoles ou à des étrangers.

Est *personnel*, le statut qui s'occupe directement des personnes, qui règle leur état, leurs facultés, leur capacité. — Ce statut suit l'étranger en France, même dans le cas où il est autorisé à y jouir des droits civils.

Voyons d'abord ce qui sert de base au principe que les lois personnelles suivront chez nous l'étranger.

Pour régler en France l'état et la capacité de l'étranger par les lois de son pays, on se fonde d'abord sur un argument d'analogie tiré de l'art. 3, § 3, C. N..... Le projet de rédaction de ce paragraphe portait ces mots : « La loi oblige tous ceux qui habitent le territoire. » M. Tronchet fit remarquer au Con-

(1) V. Boullenois, *Démissions de biens*, ch. 5

seil d'État que l'étranger n'est pas soumis aux lois civiles, qui règlent la capacité des personnes ; sur cette observation, la section du Tribunat rédigea ce paragraphe tel qu'il est, faisant entendre par là que l'état et la capacité de l'étranger demeuraient régis par les lois de son pays.

Il serait contradictoire, en effet, ainsi que le dit Rodemburg (1), qu'un individu changeât d'état et de capacité toutes les fois qu'il change de pays, qu'il fût ici majeur, en puissance de mari ou de conseil; plus loin, mineur et libre de ces entraves.

C'est d'ailleurs à la législation du lieu de l'origine d'apprécier, suivant le génie de sa nation, les nécessités de son climat et d'une civilisation plus ou moins avancée, quelle *loi* doit saisir l'enfant dès sa naissance et l'accompagner dans la vie ; c'est ainsi que l'espagnol et l'italien devront pouvoir contracter mariage en France avant le terme fixé par notre Code ; que la puissance paternelle ou maritale sera différente pour les sauvages et pour les peuples civilisés.

N'arriverait-on pas, d'ailleurs, dans le système opposé, à d'incroyables résultats, et, par exemple, un étranger valablement marié à quatorze ans, en Espagne, pourrait-il faire considérer en France son mariage comme nul et en contracter bientôt après un autre devant nos officiers de l'état civil ?

— Vainement voudrait-on opposer que permettre à l'étranger d'invoquer ses lois personnelles devant nos tribunaux (dans les cas où ils sont compétents), ce serait imposer au juge français la science impossible de toutes les lois étrangères, pour les appliquer à chaque espèce.

Exigeons-nous de la magistrature la science universelle des législations? Pas le moins du monde; deux axiômes bien connus renversent le fantôme à l'aide duquel on nous effrayait : la maxime : « *Onus probandi incumbit ci qui dicit,* » et son co-

(1) *De Jure statutorum*, tom. 1, ch. 3, n° 4.

rollaire : « *Reus excipiendo fit actor.* » — Le juge n'aura à appliquer la loi personnelle invoquée, qu'autant que l'étranger justifiera des dispositions spéciales qu'il invoque, par des attestations émanées de l'autorité judiciaire de son pays, de l'ambassadeur ou du consul étranger, enfin par tous les moyens propres à porter la conviction dans l'esprit du juge.

— Indépendamment des lois proprement dites qui règlent l'état et la capacité des étrangers, nous trouvons encore les jugements de leurs pays qui prononcent sur cet état ou les modifient; si l'étranger, par exemple, a été déclaré absent, interdit ou failli par ses juges, les tribunaux français devront-ils reconnaître cet état sans contrôle? Les jugements étrangers n'ont point d'effet en France; mais cette règle ne saurait être absolue; tout ce qu'a voulu dire l'art. 546 du Code de procédure civile, c'est que ces jugements ne sont pas, *de plano,* susceptibles d'exécution en France. Sans ce principe protecteur, l'hypothèque, la saisie auraient été au pouvoir des tribunaux étrangers; la ruine de la propriété française aurait dépendu de leurs décisions; mais n'allons pas au-delà. Accepter les faits qui résultent de ces jugements et qui ne portent que sur les modifications d'une loi personnelle, ce n'est pas recevoir les ordres d'une *autre* nation. L'interdit, l'absent, le failli, conserveront donc chez nous ces qualités.

Je ne fais nul doute encore que les personnes morales, les associations religieuses, etc., ne doivent, quant à leur capacité, être régies que par les lois de leur domicile.

L'application des lois personnelles étrangères souffre cependant chez nous une exception universellement admise lorsqu'elles viennent blesser nos lois prohibitives, l'ordre public ou les bonnes mœurs. C'est ainsi que l'esclave devient libre en touchant le sol de la France; c'est ainsi que nos officiers publics refuseraient de prêter leur concours à l'inceste et à la bigamie, etc. Quelques auteurs étendent cette exception à tous les cas dans lesquels il pourrait résulter un préjudice pour les nationaux de l'application des lois personnelles étrangères (1); mais n'est-ce pas là renverser le principe lui-même? On pourrait toujours trouver un motif pour refuser cette application; je ne sache pas que nos lois aient repoussé cette pensée de la loi romaine : « *Nemo ignarus esse debet conditionis ejus cum quo contrahit.* » D'ailleurs, n'est-il pas évident que, dans le cas de fraude et lorsque l'étranger se sera présenté avec une qualité qui ne lui appartient pas, il ne pourrait prétexter l'absence de cette qualité pour se faire relever de son engagement?

En énumérant les droits dont peuvent jouir les étrangers, j'indiquerai, par rapport à chacun d'eux, l'influence des statuts personnels.

—L'article 3, 2°, Code Napoléon, soumet aux lois du statut réel français tous les immeubles situés en France, qu'ils appartiennent à des nationaux ou à des étrangers.—La souveraineté est indivisible; et permettre que les lois d'un souverain étranger fussent venues régler la manière d'être et la transmission de notre sol, aurait été renoncer à l'unité française si laborieusement acquise. Aussi le principe que consacre notre art. 3 est-il généralement reconnu (2).

Il suit de là notamment que toutes nos règles sur la distinction des biens en meubles et immeubles (art. 516 et suiv. C. N.), sur la possession, sur l'usufruit, sur la mitoyenneté et les servitudes qui résultent de la situation des lieux, sur la quotité disponible, sur la succession des enfants naturels, sur les substitutions prohibées, sur le droit de retour de l'ascendant donateur, etc., etc., doivent être régies par le statut réel français Je donnerai bientôt de plus larges développements à ces exemples d'application. J'examinerai notamment si la succession *ab intestat* d'un étranger doit être réglée par sa loi per-

(1) M. Valette sur Proudhon.
(2) Fœlix, *Droit international privé.*

sonnelle ou par notre loi réelle ; si les meubles dont il peut être propriétaire en France seront dévolus, à sa mort, d'après la loi de son domicile ou d'après les règles de nos successions. Qu'il me suffise d'avoir posé ici le principe.

La difficulté d'ailleurs ne s'arrête pas là.

Les lois qui régissent les personnes réfléchissent souvent sur les biens qu'elles possèdent ; et, à son tour, le règlement des biens n'est qu'une voie détournée pour déterminer les droits et les devoirs des personnes. On voit alors que la distinction des statuts réels et des statuts personnels peut devenir très ardue dans l'examen plus intime de difficultés sans nombre et de la plus haute gravité.

Qu'il me soit permis de hasarder, sous forme de résumé, quelques règles de détermination :

1° Pour fixer la nature incertaine d'un statut, il ne faut pas se préoccuper des conséquences éloignées qu'il produit, mais s'attacher à l'*objet* premier, immédiat de la loi ; si cet objet est de régler l'état de la personne, le statut sera personnel pour le tout, quoiqu'il parle des biens ; il sera réel pour le tout, si son objet immédiat, principal, est de régler la nature, la manière d'être ou la disposition des biens (1).

2° Si cet *objet* est incertain, que le but de la loi n'apparaisse pas clairement à l'esprit, nous nous déterminerons par le *motif* rationnel de la loi, par son intention probable, et jamais par l'arrangement des mots eux-mêmes que renferment les statuts. C'est l'avis du célèbre Dumoulin : « *Non existimo præcisè,* disait-il, *distinguendum esse an statuta sint concepta in rem vel in personam quoadmodum loquendi* (2) : *Sed potius attendendum esse mentem et rationem legis quæ verbis potior est.* »

(1) Daguesseau, t. 5, p. 282.

(2) Barthole prétendait (sur la loi 1re, C., *de Summa trinitate*), que si le statut s'exprimait ainsi : les deux tiers de la succession appartiendront à l'aîné, le statut était réel ; s'il disait au contraire : l'aîné aura les deux tiers de la succession, le statut était personnel. — *Pudeat pueros talia sentire ; nihil potest futilius dici !* — Dargentré, Burgundus, Rodemburg, Hertius, etc. — M. Froland, *Mémoire sur les statuts,* tome 1, ch. 31.

3° Lorsque l'*objet* ou le *motif* de la loi sont tellement incertains ou multiples qu'il est impossible de distinguer la nature d'une disposition, et de donner la préférence à la réalité ou à la personnalité, on doit se décider pour le statut dont l'application sera plus favorable à la justice et à l'équité (1).

4° En définitive je déclarerais, avec Boullenois, le statut plutôt réel que personnel, en fondant cette prééminence sur l'autonomie (2).

5° Le statut personnel qui permet, doit céder devant un statut réel qui défend.

Je ferai l'application de cette théorie, au fur et à mesure que l'occasion s'en présentera, dans les sections suivantes.

Je me borne de même à indiquer ici la nouvelle catégorie des *statuts des actes*, que je dois étudier dans un chapitre à part.

PREMIÈRE CLASSE.

Étrangers qui se trouvent accidentellement en France ou qui, fixés dans notre pays, n'y ont pas été naturalisés et n'y ont pas obtenu l'autorisation prescrite par l'art. 13.

1° *Séjour de l'étranger en France.* — La classe des étrangers qui, simples voyageurs ou résidants, n'ont pas obtenu chez nous la jouissance des droits civils, est la plus nombreuse et la plus intéressante.

Nous allons les suivre dans les différentes positions où ils peuvent se trouver.

En temps ordinaire, et malgré les dispositions d'un avis du Conseil d'État du 18 prairial an XI (3), dont les dispositions ne sont pas suivies, l'étranger peut non seulement circuler en

(1) Bouhier, *Commentaire de la Coutume de Bourgogne*, ch. 46.

(2) *Démissions de biens*, p. 364, question première, n° 8.

(3) Le Conseil d'État est d'avis que dans tous les cas où un étranger veut s'établir en France, il est obligé d'obtenir la permission du gouvernement.

France, mais y fonder un établissement commercial ou industriel, y exercer en un mot les droits résultant de sa nature d'homme elle-même : acheter, vendre, échanger, etc.

L'étranger voyageur doit pourtant se munir d'un passe-port français à la première municipalité-frontière (1), sous peine d'être mis en état d'arrestation; il doit faire viser ce passe-port par l'autorité de police du lieu de sa résidence (2); il ne peut séjourner à Paris sans se faire reconnaître par l'ambassadeur, ministre résidant, ou envoyé de son pays; sur le vu de cette reconnaissance, la préfecture de police lui accorde un permis de séjour; on dispense de ces dernières formalités, qui eussent pu devenir pour eux dangereuses, les réfugiés ou les condamnés politiques.

Le gouvernement s'est réservé le droit d'expulser du territoire l'étranger qui ne se soumettrait pas à nos lois de police et de sûreté :

Ce droit d'expulsion est formellement reconnu par la loi en vigueur du 3-11 décembre 1849, art. 7 : « Le ministre de l'intérieur pourra, par mesure de police, enjoindre à tout étranger, voyageur ou résidant en France, et même qui y serait domicilié, de sortir immédiatement du territoire français et le faire conduire à la frontière (3). »

Le législateur de 1849, pensant en outre qu'il est juste que le territoire de chaque État soit principalement réservé aux besoins des nationaux, avant d'offrir un aliment aux émigrations des étrangers (4), a autorisé les préfets des départements-frontières, les plus exposés d'ordinaire à ces émigrations, à expulser sans délai l'étranger qui n'aurait pas le titre de résidant, à

(1) Décret du 18 février-28 mars 1792, art. 6.

(2) Même décret. — Loi du 28 vendémiaire an VI et 2 vendémiaire an XII. — Ordonnance du 19 novembre 1831.

(3) Ce droit avait été précédemment reconnu au gouvernement par la loi du 22 vendémiaire an VI.

(4) V. le Rapport de M. de Mouchy sur la loi du 11 décembre.

la charge d'en référer au ministre de l'intérieur; on a pensé sagement, que la répression du vagabondage et de la mendicité, serait autrement trop lente. Les art. 8 et 9 de cette loi, apportent enfin une sanction à l'expulsion prononcée et enfreinte : « Tout étranger qui se serait soustrait à l'exécution des mesures énoncées dans l'article précédent ou dans l'art. 270 C. P., ou qui, après être sorti de France à la suite de ces mesures, y serait rentré sans la permission du gouvernement, sera traduit devant les tribunaux et condamné à un emprisonnement d'un mois à six mois, et à l'expiration de sa peine, il sera reconduit à la frontière.

— La France n'a guère usé du droit de refuser l'accès du territoire à la classe des réfugiés qui viennent chercher asile chez nous; mais la loi du 21 avril 1832 permettait au gouvernement de leur assigner telles ou telles villes pour résidence obligée; elle a été successivement prorogée par celles des 1er mai 1834, 24 juin 39, 15 juin 43, 3 et 10 juillet 46, 3 et 10 août 47, 13 et 16 décembre 48, 20 et 24 novembre 49...

— Les étrangers sont soumis chez nous aux lois de police et de sûreté dont le caractère réel est de s'étendre sur tous ceux qui habitent le territoire; elles ont pour objet de prévenir ou de réprimer les infractions à l'ordre ou à la morale publique. La soumission des étrangers à ces lois n'est que la conséquence des garanties qu'elles leur assurent. *Intrasti urbem ambula secundum ritum ejus*, disait un ancien brocard, dont l'art. 3, § 1, C. N., n'est que la reproduction. « *Cum peregrini quando in territorio alieno versantur*, disait Wolf (*Inst. juris nat. et gentium*), *subsint legibus loci; si in territorio delinquant juxta leges loci puniendi.* »

Il faut étendre les dispositions de l'art. 3, § 1 précité, aux ordonnances et règlements du pouvoir exécutif ou des fonctionnaires publics dans la limite de leurs attributions respectives. En outre, tous les délits commis en France, ou dans les lieux qui sont assimilés par nos lois au territoire français, sont de la compétence de nos tribunaux de répression, soit qu'ils aient été commis par un étranger au préjudice d'un français, ou même par un étranger au préjudice d'un autre étranger(1). Il faut décider enfin que c'est moins par leur qualification que par leur nature et leur objet que nous devons apprécier quelles sont les lois de police. On peut en trouver des exemples dans les faits compris sous le terme générique de Contraventions, au livre 4 de notre Code Pénal.

En règle générale, la répression dont j'ai parlé cesse aux frontières, *clauditur territorio*. La loi française consacre pourtant une exception à cette règle; elle est basée sur le droit de légitime défense pour l'État, dans le cas où un étranger a commis hors de France un crime attentatoire à sa sûreté, à sa souveraineté ou à son crédit, quand cet étranger est arrêté en France, ou que le gouvernement obtient son extradition. (Art. 5 et 6 du Code d'Instruction criminelle; loi du 23 juin 1840, art. 12)(2).

2° *Domicile*. — Les étrangers, dont je m'occupe, ont-ils, en France, un domicile lorsqu'ils n'ont pas rempli les formalités exigées par l'art. 13, C. N.? — De fait, un grand nombre d'entre eux, qui n'aspirent pas à la naturalisation et qui ne sont pas forcés, dans ce but, de faire le stage provisoire exigé par nos lois, peuvent cependant s'établir en France et y rester à perpétuelle demeure. — Quelle sera leur condition juridique? Jouiront-ils des droits civils que la loi,

(1) V. M. V. Molinier, *Programme de Droit criminel*, 2me livraison. — Mangin, *Action publique*, t. 1, n° 60. — Fœlix, *Droit international*, n° 539. — Cassation, 22 mars 1826, rejet. — Sirey, 27, 1, 200.

(2) De nombreux traités d'extradition sont intervenus entre la France et les principaux États d'Europe. V. notamment : 6 germinal an X, entre la France, l'Angleterre et la Hollande; — 2 fructidor an XI et 4 vendémiaire an XII, avec la Suisse; — 19 décembre 1834, avec la Belgique; — 21 juin 1845, avec la Prusse; — 28 mars 1846, avec la Bavière; — des 3 avril, 21 avril, 6 mai 1847, avec divers États d'Allemagne; — 27 novembre 1850, avec la Saxe; — 22 mars, 24 mai 1853 avec la ville de Francfort et le Grand-Duché de Hesse.

dans l'art. 13, semble faire dépendre de l'établissement du domicile en France; autrement dit, le simple domicile de fait, toléré par le gouvernement, emporte-t-il l'autorisation dont parle l'art. 13?

Cet art. est ainsi conçu : « L'étranger autorisé par le gouvernement à établir son domicile en France, y jouira de tous les droits civils tant qu'il continuera d'y résider. » Je ne saurais croire, en présence de ces termes, que cet article n'ait pas entendu parler d'une autorisation *expresse* donnée par le chef de l'État; l'esprit de la loi de 1804 n'était pas de permettre la prescription des droits civils en France(1)......

L'opinion de la jurisprudence qui tend à donner au simple domicile de fait les effets de l'autorisation régulière, louable peut-être en ce qu'elle signale une amélioration à réaliser, doit tomber devant le respect dû à la loi tant qu'elle n'est pas régulièrement abrogée.

La question avait été déjà agitée à l'occasion des habitants des pays d'abord réunis à la France, ensuite séparés de son territoire, auxquels les décrets de 1814 et de 1815, art. 7 et 17, imposaient la nécessité d'une déclaration pour faire cesser les effets de cette séparation(2), et de nombreux arrêts, fondés sur le fait de la perte de la qualité de français par la séparation, avaient justement décidé que l'établissement en France, sans déclaration expresse de leur part, ne leur attribuait pas de nouveau cette qualité perdue...

Pour soutenir que le domicile est de *fait* et non de *droit*, nos adversaires raisonnent ainsi :

Le domicile est le lieu où l'on a son principal établissement (art. 102, C. N.); l'étranger peut former en France un établissement principal, donc..... L'article 13 n'aurait pas tranché la question, pas plus qu'un Avis du Conseil d'État du 20

(1) V. Demangeat, p. 269.

(2) *Nihil tam naturale est unumquodque dissolvi, eo genere quo colligatum est.* (Loi 35, ff. *de Regul. juris.*)

prairial an XI(1); l'art. 13 et l'Avis précité ne parlent, en effet (disent-ils), que du domicile qui constitue le stage de la naturalisation et ne résolvent pas la question d'une manière principale. On s'appuie en outre sur la possibilité d'une autorisation tacite de la part du gouvernement.

J'ai déjà répondu à la dernière objection.

Sans argumenter de la généralité du mot *domicile* dans l'art. 13 et de l'Avis du Conseil du 20 prairial an XI, je me bornerai à contester que le domicile soit chez nous un pur fait:

Il est vrai qu'à Rome la résidence seule eut assez de force pour conférer des droits; *l'incolat* dans une municipalité suffisait pour attribuer la jouissance des droits dont on pouvait se prévaloir dans cette municipalité. Mais chez nous, l'on peut définir le domicile : le rapport légal, la relation qu'établissent nos lois civiles entre une personne et le lieu où elle exerce ses droits; ce qui suppose des droits à exercer et sépare deux idées bien distinctes : le domicile, et la collation elle-même de ces droits; aussi l'art. 102 s'exprime-t-il en ces termes : Le domicile de *tout français, quant à l'exercice de ses droits civils,* est au lieu où il a son principal établissement; cet article est donc complètement étranger à *celui* pour qui l'existence elle-même des droits civils est contestée. Rapprochons d'ailleurs l'art. 102 des art. 11 et 13, et nous serons convaincus que le législateur n'a pas voulu accorder à l'étranger la jouissance des droits civils qui résulteraient d'une simple résidence, pour si prolongée qu'elle fût. — « *Ubi non lex distinguit nec nos distinguere debemus* (2). »

L'on insiste pourtant, et l'on dit que refuser à l'étranger le

(1) Le Conseil d'État est d'avis que dans le cas où un étranger veut établir son domicile en France, *il ne le peut qu'avec l'autorisation du gouvernement.*

(2) M. Gary observa au Conseil d'État qu'il n'y avait aucune objection sur l'article 13, contre la disposition qui veut que l'étranger ne puisse établir son domicile en France s'il n'y est autorisé par le gouvernement. Cette observation ne souleva pas de réclamation. — V. Demangeat, p. 269. — Em. Bonnier, docteur en Droit, *Revue de Législation*, 1835, t. II, p. 61.

domicile général, c'est lui ôter la faculté de contracter chez nous, en lui interdisant la possibilité d'avoir *un domicile particulier,* de faire élection dans les divers actes pour lesquels cette formalité est utile ou même indispensable; et l'on conclut: qu'il ne pourrait être cité par un français, se porter utilement partie civile ou recevoir l'avis d'aliénation de biens sur lesquels il aurait hypothèque, faute d'avoir élu dans ses bordereaux, etc...

Ces résultats sont trop sévères pour qu'ils soient admissibles; on peut soutenir que la corrélation du droit de domicile général au droit de domicile particulier ou d'élection n'est pas tellement étroite, que la non-jouissance du premier entraine la perte du second; il n'y a nul inconvénient de détacher quelques parties de ce droit élevé de domicile général pour en faire, par exception, un droit de domicile particulier, soit dans notre intérêt, soit dans un esprit de justice envers les étrangers (1). Le droit naturel de s'obliger et de stipuler une fois reconnu à l'étranger, doit pouvoir être utilisé, « autrement, il « serait vrai de dire que le cercle juridique dans lequel il se « meut, a des rayons et pas de centre (2). » Dans notre système, l'attribution du domicile particulier, ne serait que la conséquence immédiate de ce droit primitif dont je parlais. Qui ne voit d'ailleurs que l'élection de domicile ne constitue le plus souvent que des facultés et des règles de procédure auxquelles les actes de l'étranger sont soumis en France (3)? L'opinion contraire nous entrainerait dans une inconséquence bien autrement sérieuse que celle qui nous était reprochée: L'étranger n'est-il pas précisément soumis chez nous à une contrainte par corps plus rigoureuse, au paiement de la caution *judicatum solvi,* parce qu'il est censé ne pas y avoir un domicile et ne tenir au sol par aucun lien de droit, jusqu'à ce qu'une autorisation expresse lui ait conféré la jouis-

(1) M. Soloman, p. 71.

(2) *Ibidem.*

(3) V. plus bas l'explication de la maxime *locus regit actum.*

sance de nos droits civils ? Quel serait d'ailleurs l'instant précis de cette concession tacite dont on parle ?... à quel moment l'étranger n'aurait-il plus besoin de se conformer à l'art. 13 ?... Cette prétendue prescription pourrait-elle être invoquée même pour le stage exigé en matière de naturalisation ?... Telles sont les questions ardues qui se présenteraient et ne seraient résolues par nos adversaires qu'à l'aide d'ingénieuses distinctions dont le moindre défaut serait toujours de ne pas avoir de base légale.

3° *Exclusion de l'étranger de la jouissance des droits civils.* — Quel est, au point de vue de la jouissance des *droits civils*, la condition de ceux qui n'ont pas de domicile en France ?

L'art. 11 du C. N., contient la solution de cette question ; mais, semblable aux oracles de l'antiquité, il l'a entourée de telles obscurités, qu'on s'est cru libre de donner à sa réponse bien des sens contraires.

Il importe de prendre partie entre une foule d'opinions divergentes et souvent défendues avec talent.

N'oublions pas, avant tout, que nous n'avons pas à résoudre le problème à un point de vue purement théorique et sans nous préoccuper de l'obéissance qu'on doit au texte ; nous ne sommes point législateurs, nous sommes juges. Si nous étions législateurs, nous aurions cette question à nous poser : La loi devait-elle admettre, en principe, l'étranger à la jouissance la plus large de tous les droits qui règlent chez nous la vie privée ? Une saine politique, en harmonie avec nos intérêts moraux, industriels et commerciaux, faisait-elle de cette libéralité gratuite une nécessité économique ? C'est ce qu'avait pensé l'Assemblée Constituante. C'est encore ce que demandent quelques esprits distingués (1). Mais on peut reprocher à cette théorie son caractère de générosité peut-être excessive, en présence de la

(1) M. le comte Portalis, premier-président à la Cour de Cassation. (V. *Moniteur* 9, 11 et 12 mars 1842.)

froideur et de l'égoïsme avec lesquels une telle mesure fut accueillie après les décrets de 1790 et 1791.

La position que nos lois actuelles offrent sous ce rapport à l'étranger, paraît concilier nos intérêts mieux entendus, et le devoir pour la France d'aider, par son impulsion, à la réalisation du dogme futur de la fraternité des peuples :

L'art. 11 dispose que : « L'étranger jouira en France des mêmes droits civils que ceux qui sont ou seront accordés aux français, par les traités de la nation à laquelle cet étranger appartiendra. »

En présence de ce texte si formel d'ailleurs, un premier système soutient, sauf à interpréter plus tard ce que l'on doit entendre par ces mots : *droits civils*, que notre loi les refuse, en principe, à l'étranger. Cette doctrine, qui est la nôtre, est enseignée du reste par le plus grand nombre des docteurs, et notamment par M. Delpech, notre savant professeur (1).

Un second système, soutenu par MM. Serrigny, Valette et Demangeat, assimile l'étranger au français, quant à la jouissance de ces mêmes droits, soit en se basant sur une prétendue abrogation de l'art. 11 par la loi du 14 juillet 1819, soit enfin cherchant à cet article une ingénieuse explication.

Je tâcherai de combattre cette théorie :

Le droit intermédiaire avait, en ce qui touche notre question, aboli l'aubaine et même l'extranéité. L'invasion et la coalition répondirent seules à ces avances : « C'est dans une époque de luttes, écrit M. Hennequin (2), le 8 mars 1803, entre les batailles de Marengo et d'Austerlitz, que paraît cet art. 11, rétrogradant jusqu'à la réciprocité. » L'amour de la patrie exalté par ses périls, le désir de fonder sur des bases solides le pouvoir politique ébranlé, favorisaient cette réaction contre le principe philosophique de 90 et 91, et l'on voulut

(1) Programme de la 1re année.

(2) *Revue de Législation*, 1852, t. III.

forcer les peuples, par leur propre intérêt, à consentir des traités réciproques avec la France (1). — On a critiqué amèrement, je le sais, le rejet du projet de rédaction de l'art. 11 (2); sans examiner, ici, si les circonstances sainement appréciées ne forçaient pas la main du premier consul, il n'en reste pas moins établi que la pensée de notre art. 11 est fort claire, et qu'elle ne peut être révoquée en doute que par des esprits qui deviennent subtils à force d'être intelligents; je me garderai donc de considérer l'art. 11 comme une pierre d'attente, et de prétendre que les quelques dispositions isolées, qui s'occupent après lui des étrangers, énumèrent limitativement les cas où il a lieu d'appliquer son principe. « Ce système, écrit M. Rodière(3), » auquel je suis heureux d'emprunter ces paroles pour soutenir ma pensée, « est manifestement empreint d'exagération..... Les articles 8 et 11 indiquent au contraire, avec évidence, que les étrangers ne jouissent pas en général des droits civils... L'art. 8 en disant, en effet, que les français jouissent des droits civils, indique clairement que les étrangers ne les possèdent pas de plein droit, et l'art. 11 expliquant l'art. 8, déclare : qu'ils ne jouissent que des droits réciproquement stipulés par les traités... » Cela, bien entendu, sauf les cas d'exception écrits dans la loi, notamment dans celle du 14 juillet 1819 (4).

Je ferai remarquer sur l'art. 11, ainsi expliqué, que la réciprocité diplomatique dont il parle est exclusive de cette réciprocité, qui n'aurait pour fondement que l'exercice de fait de facultés civiles accordées aux français par la loi étrangère.

Il importe d'établir ensuite, que notre article ne s'oppose pas à ce que l'étranger jouisse en France des droits qui ne sont pas *purement civils*, par exemple, de tous les *droits naturels*,

(1) M. Sapey, p. 157.

(2) V. M. Demangeat, p. 218 et suivantes. — Ce projet admettait l'étranger à la jouissance des droits civils sans condition de réciprocité.

(3) *Recueil de l'Académie de Législation*, 1854, p. 120.

(4) V. M. Demolombe, t. 1, p. 16, n° 2, et Arrêt de Cassation du 14 août 1844.

même reconnus par une disposition expresse de notre Code, car ce fait qu'une disposition législative est venue les régler, ne saurait leur enlever leur caractère distinctif.

Dénier ces deux résultats, serait replacer l'étranger dans une position plus dure encore qu'au moyen-âge, en l'assimilant à notre ancien mort civil. Pourrait-on lui refuser l'exercice de certains contrats, tels que la vente, l'échange, le louage, quand bien même ils auraient été réglés dans nos lois? Leur exercice ne repose-t-il pas sur les nécessités les plus journalières et les plus impérieuses?...

Constatons en outre que le cercle dans lequel le droit naturel était primitivement renfermé s'est élargi. — Le droit naturel, *usu exigente et humanis necessitatibus*, a imprimé son caractère à beaucoup de droits civils, que les besoins de la politique avaient dû faire refuser aux étrangers dans les époques d'enfance et d'organisation (1).

Le droit s'humanisant, les relations changent de nature.

Le *consensus omnium populorum*, admet insensiblement un nombre toujours plus grand de droits naturels... « Il est tout simple que ces droits apparaissent plus étendus, à mesure que les rapports moraux entre les hommes sont plus nombreux eux-mêmes et mieux constatés. » Les prérogatives qui résultent de ces faits ne pourraient plus être déniées de nos jours, d'un État à l'autre, sans blesser un sentiment nouveau : celui des convenances internationales. — C'est en vertu de cette loi du progrès, que nous retrouvons aujourd'hui un grand nombre de vérités morales qui brillent d'un incontestable éclat. Le christianisme ayant illuminé, dans les régions de la conscience, bien des points que le pâle flambeau du paganisme n'éclairait point, une foule de lois morales, jadis contestées, deviennent incontestables à mesure que l'esprit chrétien s'infiltre plus

(1) V. mes préliminaires philosophiques, et la 2e section du Droit romain aux paroles citées de Cicéron.

profondément dans les masses. Ce ne sont pas proprement des vérités qui naissent, ce sont des vérités qui se dégagent.... (1).

Maintenant admettrons-nous seulement comme vérité morale, comme source créatrice d'un nouveau droit naturel, les vérités que le *consensus omnium populorum* aura seules approuvé, et suffira-t-il de la dissidence d'une seule nation plus ou moins civilisée pour faire refuser ce caractère à une foule de droits naturels évidents pour nous.....? Cela ne serait pas assez, et il reste encore quelque chose à faire pour le jurisconsulte et le magistrat. « Semblables à ces prudents de l'ancienne Rome, dit encore l'auteur du travail que j'ai pris pour guide, ils auraient ici à consulter, dans les replis de leur cœur, les voix intimes de la conscience chrétienne de notre époque, régénérée par une religion d'association, de fusion et d'amour, pour déterminer quels droits doivent ou non rester, comme droits civils, l'apanage exclusif des nationaux. » —C'est là, si je ne me trompe, une grande et noble idée, dictée par les doctrines auxquelles le savant professeur puise d'ordinaire ses inspirations. « A qui voit la chose sous ce point de vue, la science du Droit offre de bien grands et de bien magnifiques horizons, aussi vastes que ceux qui se déroulaient au regard contemplateur des grands jurisconsultes de Rome! » Si le magistrat ne peut de nos jours, en ce qui concerne l'application de la loi aux nationaux, consulter cette équité au mépris du texte, « il peut toutefois et doit exercer un ministère aussi auguste, quand c'est un étranger qui vient réclamer un droit dont il s'agit de déterminer le caractère. » —Cette théorie recevrait encore son application dans le cas où des *usages* auraient été formulés dans un code international; s'il restait des cas douteux, elle tendrait plutôt à établir des préférences qu'à prononcer des exclusions; l'on ne s'exposerait pas ainsi à priver le droit naturel du fruit de la perfectibilité humaine.

(1) M. Rodière, *loco citato*, p. 122.

L'étranger demeure exclu, dans ce système, 1° des droits politiques; 2° des droits qui ne seront pas reconnus par le juge droits naturels (art. 11), à moins de concessions spéciales dans les traités ou dans nos lois, 3° des droits que la loi lui enlèverait nommément ou qu'elle modifierait rigoureusement dans un but préventif ou répressif.

—Et maintenant quels droits, à proprement parler, resteront droits civils dans notre système? Question vaste et délicate qui exigerait l'inventaire détaillé des vérités morales que le christianisme mieux senti a fait passer à l'état d'axiômes, inventaire qui serait au-dessus de mes forces. Je me bornerai à l'étude de quelques espèces, et je tiendrai compte, dans cette partie de mon travail, des droits civils qui ont été expressément reconnus appartenir à l'étranger ou qui ont été modifiés par des lois spéciales.

—La question d'attribution de tels ou tels droits à l'étranger n'est pas la seule qui nous préoccupera dans l'énumération qui va suivre; car en même temps que nous le reconnaîtrons capable d'une faculté naturelle ou d'un droit civil concédé, nous aurons à nous demander comment l'exercice de cette faculté sera possible, soit à raison des statuts, soit à raison des droits civils qui sont, chez nous, la conséquence de l'exercice de cette faculté. J'explique ma pensée : L'étranger qui jouira chez nous d'un droit principal, naturel ou civil, pourra-t-il toujours s'en prévaloir? Non, sans doute; il pourra en être empêché par un statut personnel prohibitif ou contraire à l'organisation de cette faculté principale, d'après la loi étrangère; ou bien par un statut réel qui, malgré la capacité personnelle, fera plier cette capacité devant le principe qu'un statut réel prohibitif l'emporte sur un statut personnel qui permet.

En second lieu, l'étranger demeurant capable, par rapport à ses statuts personnels et aux statuts réels français, la concession d'une faculté principale entraînera-t-elle, de plein droit, virtuellement, la concession de tous les droits civils qui organisent, chez nous, l'exercice de cette faculté? Il faudrait ici distinguer, peut-être encore, entre les conséquences essentielles, viscérales, en harmonie avec le droit naturel ou avec le mode d'organisation et d'exercice de cette faculté en pays étranger, et les conséquences nouvelles que cet exercice produit chez nous.

Essayons maintenant une énumération, qui sera certainement incomplète, mais dont le seul but est de faire comprendre l'application de ces principes par rapport à l'*État*, aux *droits de famille*, de *propriété*, de *convention* et d'*actions*.

État des étrangers. — Je ne reviendrai pas sur ce que j'ai dit concernant l'état de l'étranger, sa qualité d'enfant naturel ou légitime, de majeur ou de mineur, père de famille, veuf ou divorcé; tous ces faits sont réglés par sa loi personnelle, tant qu'il n'a pas changé de nationalité. L'étranger ne pourrait pas, notamment chez nous, être capable des actes de la vie civile avant vingt-cinq ans, si l'époque de sa majorité était fixée à cet âge par sa loi personnelle, en Allemagne, par exemple.

Droits de famille. — Une étrangère qui épouse un français devient française; elle jouit, par conséquent, à partir de cet instant, des mêmes droits qu'une française d'origine; sa position vis à vis de son mari et de ses enfants, est absolument réglée par la loi française, et les lois de son statut l'ont abandonnée avec sa nationalité;

Si une française, au contraire, épouse un étranger, elle perd sa nationalité, ses statuts, et rentre dans la catégorie suivante;

Il s'agit d'époux tous deux étrangers, et l'on demande selon quelles lois seront régis les rapports juridiques 1° quant aux personnes; 2° quant aux conventions matrimoniales; 3° quant à leurs enfants?

(*a*) Chaque nation a organisé les bases de la puissance maritale et de la puissance paternelle sur des lois particulières, qui peuvent différer d'un pays à l'autre. Ces questions appartenant principalement aux statuts personnels, nous déciderons, que le mode d'organisation de ces rapports suit, en France, les étrangers, sauf le respect dû à nos lois d'ordre public.

(*b*) Quant aux biens français, et à défaut de conventions expresses relatives à ces biens, quel régime viendra les régler entre époux étrangers? Chez nous, il est vrai, à défaut de stipulations contraires, la communauté est de droit (art. 1393); il faut décider pourtant que la loi qui règle les conventions matrimoniales est avant tout un statut personnel; ce ne sont pas les biens que le législateur frappe chez nous de communauté; il ne fait que sanctionner le choix tacite et présumé des époux; à proprement parler, il n'existe pas, en France, de communauté légale, c'est à dire imposée par la loi; il ne s'agit dès lors que d'une question d'intention :

L'étranger qui contracte mariage en pays étranger, ou bien en France sous l'empire de ses statuts personnels, est-il censé avoir adopté pour tous ses biens français ou étrangers un même régime, celui de son domicile, ou bien accepter pour les biens français le régime en communauté dont il ignore peut-être l'existence, pour les biens étrangers seulement sa loi domiciliaire? La première supposition me paraît la plus rationnelle; c'est ainsi qu'un étranger marié dans son pays avec un contrat qui stipule la dotalité ou la paraphernalité, sera censé, quant à ses biens français, avoir voulu adopter le même régime.

Remarquons que le statut *réel* pourra exercer son empire sur les questions de conventions matrimoniales, car les restrictions et les extensions dont elles sont susceptibles peuvent intéresser, outre les rapports personnels des conjoints, les enfants à naître de ce mariage, le droit des héritiers, l'ordre établi dans les successions; il est superflu d'établir que le statut réel règlera la question de savoir quels biens seront meubles ou immeubles dotaux, paraphernaux ou communs, enfin comment s'en fera le partage à la dissolution du mariage.

Les intérêts des époux une fois réglés par leur contrat, l'on peut se demander encore si la femme a sur les biens français de son mari, l'hypothèque légale dont parle l'art. 2121 du C. N. Quelques auteurs pensent devoir la lui accorder, parce que sa création constituerait un statut réel et, qu'à ce titre, l'art 3 devrait exercer une influence décisive sur la question. Il est évident que si cette garantie avait chez nous ce caractère, elle appartiendrait à la femme, quelle que fût sa capacité. Mais cette hypothèque légale constitue plutôt, à mon avis, un statut personnel. Vainement l'on m'opposerait l'art. 2114 du C. N. qui, déterminant le caractère de l'hypothèque, la définit un droit réel sur les immeubles; je ne conteste pas à l'hypothèque sa nature de droit réel; quand elle frappe l'immeuble, elle s'attache à lui, *sicut lepra cuti*, et se constitue *jus in re* devant produire le droit de suite et celui de préférence. Mais est-ce à dire que parce qu'elle constitue un droit réel, la loi qui l'établit au profit ou dans l'intérêt de certaines personnes, participera forcément de la nature du droit concédé et deviendra réelle? Je ne saurais le croire, le motif de la loi est ici l'intérêt seul des incapables, pour lesquels elle crée cette faveur exceptionnelle; il s'agit ici d'une mesure de protection qui resserre un peu plus étroitement l'obligation personnelle du mari. Ce sera donc au système de protection, organisé selon le statut personnel étranger, qu'il faudrait d'abord se référer pour accorder ou non ce privilége, en admettant que des raisons d'un autre ordre ne s'opposassent pas à ce que la femme pût l'invoquer...

L'hypothèque légale n'est-elle pas chez nous un droit civil plutôt qu'un droit naturel indéniable?

Il est impossible, ce me semble, de contester à cette mesure exceptionnelle et contraire au crédit, le caractère d'un droit de création civile; il est vrai que nous accorderons plus tard à l'étranger, le droit d'hypothèque conventionnelle, mais nous établirons qu'en cette matière, la loi civile n'a qu'une action règlementaire, tandis qu'elle a ici une action créatrice. L'équité serait-elle par hasard froissée, parce que cette garantie n'existerait pas? a-t-elle été de tout temps? tous les peuples la reconnaissent-ils? Non, sans doute; j'en conclurai que l'art. 2121, créé dans l'intérêt exclusif de l'épouse française, ne s'applique pas à la femme étrangère (1).

(c) Passons aux rapports qu'établit le fait du mariage entre les époux étrangers et leurs enfants. Incontestablement la loi française doit reconnaître aux parents étrangers la puissance paternelle, dont l'exercice demeure réglé, quant à eux, selon les lois de leur statut personnel, pourvu que l'exercice de ces droits ne révolte pas les principes d'ordre public et de bonnes mœurs qui dominent toujours chez nous la question d'admission de ces statuts; je reconnaîtrais au père, qui a sur la conduite de son enfant des sujets de mécontentement très graves, le droit d'employer les moyens de correction mentionnés par l'art. 376; de même l'enfant étranger doit, à tout âge, à ses père et mère, honneur et respect (art. 371); l'enfant ne pourrait quitter la maison paternelle sans la permission de son père, si ce n'est pour enrôlement volontaire, après l'âge fixé par la loi du 21 mars 1832, art. 32, 5°. A mon avis encore, l'obligation réciproque alimentaire (art. 205 et 206) existe entre parents et enfants étrangers.

Ma ile père pendant le mariage, ou après le mariage, le survivant des père et mère auront-ils sur les biens de leurs enfants mineurs l'usufruit légal créé par l'art. 384? Je ne le pense pas; l'attribution de l'usufruit légal ne dérive pas du droit naturel; elle constitue une création civile. Le père étranger devrait donc jouir chez nous des droits *civils*, pour se

(1) V. dans ce sens M. Rodière, article précité, p. 121 de la *Revue*. — Fœlix. *Revue française et étrangère de législation*, t. IX, p. 25. — Zachariæ, Battur, Grenier, Duranton. — Bordeaux, 17 mars 1831.

prévaloir d'un tel usufruit. Je ne me laisse pas séduire davantage par cette raison que l'usufruit légal constituerait une loi de *statut réel*. Il ne s'agit pas ici de savoir, principalement, si les biens PEUVENT OU NE PEUVENT PAS (1). Le but déterminant de la loi, en créant un tel privilége, a été d'accorder au père (à la personne), une récompense des soins donnés à la gestion des intérêts des mineurs, tout en fournissant à l'autorité paternelle le moyen de les retenir plus sûrement dans le devoir ; il n'est question des biens que comme moyen d'atteindre ce but.

D'autres questions se placent naturellement ici. — L'étranger peut-il, en France, reconnaître un enfant naturel ? Pour décider l'affirmative, dans le cas où son statut personnel ne l'en déclarerait pas incapable, je me base sur ce principe tant de fois répété : que la reconnaissance d'un enfant naturel est moins l'exercice d'un droit que l'accomplissement d'un devoir. La reconnaissance, de même que la légitimation d'un enfant naturel par le mariage subséquent, paraît si favorable au point de vue de la morale, que je n'hésite pas à permettre à l'étranger cette constatation légale d'un fait préexistant.

L'étranger peut-il être adopté ou adoptant, jouer le rôle de tuteur officieux ? Je ne le crois pas.

Il ne pourrait être adopté, d'abord, parce que le contrat d'adoption renverserait l'économie de notre droit public. On pourrait par ce moyen rendre français l'étranger, sans recourir à la naturalisation. — D'ailleurs, le contrat d'adoption est un contrat de création purement civile ; telles ou telles nations ne l'admettent pas, l'Angleterre par exemple. On soutient pourtant qu'en définitive l'adoption ne conduirait l'étranger qu'à des droits qui lui sont reconnus : ceux de famille et de succession… Mais ces droits ne sont attribués à l'adopté que comme conséquence du changement que l'adoption produit dans son

(1) V. Marcadé, t. 1, *Théorie des statuts*.

état, en établissant entre lui et l'adoptant les rapports de paternité et de filiation. On ne pourrait dès lors se prévaloir d'un tel motif pour accorder à l'étranger le bénéfice de l'adoption (1).

L'étranger pourra sans doute, d'après sa loi personnelle, être reconnu tuteur de ses enfants mineurs; mais pourra-t-il l'être d'un français? pourra-t-il le représenter dans la vie civile, alors qu'il ne peut y figurer lui-même? Ce serait évidemment contradictoire; la loi nous dit d'ailleurs, que le tuteur doit être *citoyen* (art. 430 et 431); les femmes, autre que la mère et les ascendantes, ne possèdent jamais la tutelle (2) qu'on a comparé à une charge publique, *jure civili data ac permissa* (3), elles sont pourtant, dans certains cas, plus favorables que les étrangers.

Le tuteur ne doit-il pas être membre du conseil de famille, qui emprunte de sa constitution et de la nature de certaines délibérations, le caractère d'un tribunal dans lequel un étranger ne saurait entrer (4)?

Mais ces inconvénients ne paraissent pas se reproduire, quand il s'agit de donner un français pour tuteur à un étranger. C'est là une mesure de protection qui, si elle était invoquée par l'incapable, ne pourrait lui être refusée, bien que reposant sur le Droit civil, parce qu'elle a sa raison d'être dans un principe manifeste d'équité.

Droit de propriété. — Etudions maintenant la position de l'étranger par rapport à la propriété française.

Un grand principe domine cette matière : c'est celui de l'art. 3, § 2 du C. N.; il soumet aux lois françaises les immeubles possédés chez nous par les étrangers; il en résulte que toutes les questions de distinction des biens, la manière d'être

(1) V. M. Rodière, *loco citato*. — Cassation, 5 août 1823 s. v. 23, 1, 353; — 22 novembre 1833. — 7 juin 1826, *contrà* Gaschon. *C. Diplomatique des aubains*.

(2) Art. 416.

(3) Inst., l. 1, 13, § 1, *de Tutel.*

(4) Cassation, 7 juin 1826.

de la propriété, l'usufruit, l'usage, l'habitation, les servitudes ou services fonciers, les divers modes d'acquisition de cette même propriété, succession, donation, etc., sont régis par la loi française, nonobstant les statuts réels ou personnels d'une loi étrangère en opposition. Avant la loi du 14 juillet 1819, dont je parlerai bientôt, les art. 726 et 912 du C. N. ne constituaient, à mon avis, que des restrictions exceptionnelles à ce principe.

L'art. 3, § 2 précité, laisse indécise la question de savoir si les meubles possédés en France par l'étranger, sont régis comme les immeubles par les lois de notre statut réel ? Il est admis, par la généralité des auteurs, qu'on doit appliquer la loi française à ces meubles, en ce qui concerne les effets de la possession, les priviléges et enfin les voies d'exécution; mais les opinions se divisent pour régler la succession mobilière d'un étranger; j'examinerai cette difficulté en parlant de la loi de 1814.

— Des lois spéciales sont intervenues pour assurer à l'étranger la jouissance de certains droits, qui, à raison de leur importance et des avantages qu'ils procurent, auraient pu faire naître quelque doute, tel est le droit d'obtenir des concessions de mines et des actions sur la Banque de France (1).

Indépendamment de la propriété ordinaire, les étrangers jouissent en France de la faculté d'exploiter exclusivement chez nous leurs inventions, leurs œuvres littéraires ou artistiques, et peuvent, à l'effet d'exercer utilement ces droits, obtenir, à l'exclusion des nationaux, des brevets d'invention, de perfectionnement ou d'importation (2), moyennant l'accomplissement des conditions exigées pour les nationaux eux-mêmes (3).

(1) Art. 13, loi du 21 avril 1810; — art. 3, décret du 16 janvier 1808.

(2) Art. 3, loi du 7 janvier 1791; art. 9 et 16 même loi; — art. 5 et 10, loi du 12 septembre 1791; — art. 10, décret du 5 février 1810; — décrets des 28, 31 mars 1832; — art. 423, 426, 427, 429 Code Pénal.

(3) V. notamment l'art. 4 de la loi du 14 juillet 1793.

— Une question plus intéressante est celle de savoir si l'étranger peut se prévaloir de l'action accordée par la loi française, pour se plaindre de l'apposition de son nom ou de sa marque sur des produits vendus par des français ?

Les décrets que j'ai cités, en parlant des œuvres littéraires et artistiques, ne déclarent délit que la contrefaçon, l'expédition ou l'exportation des ouvrages énumérés dans l'art. 425 du Code pénal (1); mais l'opinion qui reconnait à l'étranger la propriété du nom et de la marque me paraît d'abord en harmonie avec les intérêts économiques et la loyauté des relations commerciales. « Qu'est-ce que le commerce international, si ce n'est l'échange des produits exportés..... Si le produit importé excède en valeur le produit exporté, le bénéfice sera en raison directe de l'importation (2); » il faut dès lors l'encourager autant que possible; or pour appeler l'importation, ne faut-il pas assurer aux produits étrangers la plus large part des avantages accordés par nos lois aux produits français? — Comment refuser d'ailleurs à l'étranger de défendre chez nous cette propriété, sans violer les principes les plus sacrés du droit naturel.

Le droit général de propriété que possède l'étranger, comprend évidemment la propriété du nom. — Ni la loi commune, ni les lois spéciales ne nous défendent de la reconnaître en sa faveur.

La loi commune, c'est d'abord l'art. 11, et nous avons établi que l'étranger pouvait, nonobstant le mot *droits civils* qu'il renferme, jouir en France de tous les droits qui ne sont pas de pure création civile, mais qui ont leur source dans un droit naturel légalement reconnu. On dirait vainement que le nom du fabricant et sa marque ne sont qu'un signe créé par nos lois, une propriété nouvelle, un privilége particulier né de la

(1) Art. 425 : « Toute édition d'écrits, de compositions musicales, de dessins, de peinture ou de toute autre production imprimée ou gravée..... »

(2) M. Ch. Ballot, *Revue étrangère*, 1843, p. 561 et suiv.

civilisation en faveur de l'industrie française. Ce serait prétendre que la loi, en consacrant ou garantissant le droit exclusif du travailleur sur son produit, fait autre chose qu'appliquer ce principe de droit naturel : *cuique suum*.

La législation spéciale déroge-t-elle au droit commun?

Elle repose sur un décret de l'an XI et sur une loi du 28 juillet 1824 qu'il importe d'analyser :

Le décret de l'an XI (22 germinal) (1), règle la question des marques de fabrique et punit leur contrefaçon, à la condition que le fabricant aura préalablement fait connaître sa marque par le dépôt d'un modèle au greffe du Tribunal de Commerce d'où relève le chef-lieu de la manufacture ou de l'atelier (2). Un décret du 20 février 1810 (tit. 2, art. 5), ajoute à cette formalité la nécessité du dépôt d'un modèle de cette marque au secrétariat du Conseil des prud'hommes. — Pour ce qui est des marques, on oppose à l'étranger l'impossibilité dans laquelle il se trouve, dit-on, s'il est en pays étranger, d'accomplir ces formalités ; et il est évident même à nos yeux que, faute de s'y conformer, il ne pourrait invoquer ce bénéfice ; mais l'objection n'est sérieuse que dans le cas où cet étranger n'aura pas en France une maison de commerce, des représentants, un dépôt de ses produits.

La loi de 1824 est encore plus favorable par la généralité de ses termes : Art. 1er. Quiconque aura soit apposé soit fait apparaître par addition, retranchement ou par une altération quelconque, sur des objets fabriqués, le nom d'un fabricant autre que celui qui en est l'auteur, ou la raison commerciale d'une fabrique autre que celle où lesdits objets auront été fabriqués, ou enfin le nom *d'un lieu* autre que celui de la fabrication, sera puni des peines portées en l'art. 423 du Code Pénal, sans préjudice des dommages et intérêts, s'il y a lieu. Tout

(1) Tit. 4, art. 16. — V. encore art. 142, 143 du Code Pénal de 1810.

(2) Même décret, titre 4, art. 18.

marchand, commerçant ou débitant quelconque sera passible des effets de la poursuite, lorsqu'il aura sciemment exposé en vente ou mis en circulation des objets marqués, de noms *supposés* ou *altérés*. — Il n'y a ici aucune formalité à remplir, pour jouir du droit très favorable de poursuivre la simple supposition ou l'altération de nom. On ne saurait dès lors prétendre que les étrangers sont exclus par les lois spéciales. Qu'en conclure? si ce n'est qu'ils pourront eux aussi faire respecter la propriété de leurs marques et de leurs noms, en se conformant, quant aux premières, aux exigences de la loi (1).

Capacité de donner ou de recevoir. — Avant la loi du 4 juillet 1819, la capacité des étrangers, sous ce rapport, avait été réglée par les art. 726 et 912 du C. N. Ces articles prononçaient contre eux des incapacités sur lesquelles je dois insister : c'étaient de véritables souvenirs des droits d'aubaine auxquels l'on était revenu malgré les décrets de l'Assemblée Constituante, ou plutôt à cause de ces décrets.

L'art. 726 portait : « Un étranger n'est admis à succéder aux biens que son parent étranger ou français possède dans le territoire du royaume, que dans les cas et de la même manière dont un français succède à son parent possédant des biens dans le pays de cet étranger, conformément aux dispositions de l'art. 11, au titre de la jouissance et de la privation des droits civils. »

L'art. 912 s'exprimait ainsi : « On ne pourra disposer (entre-vif ou par testament) au profit d'un étranger, que dans le

(1) Jurisprudence contraire de la Cour de Cassation (v. l'arrêt solennel du 12 juillet 1848 (s. 1848-1-417), contre laquelle s'est prononcée la presque unanimité des auteurs. — V. M. Massé, *Droit commercial*, t. II, p. 33, et *Revue de Législation*, novembre 1844, p. 283. — Fœlix, *Droit international*, nº 607 ; — Goujet et Merger, *Dic. de Droit Com.*, vº *Nom*, nº 46. — Hello, *Revue de Législation*, t. II de 1843, p. 40. — Demolombe, t. I, nº 246 bis. — V. Serrigny, *Droit public*, t. I, p. 232. — *Contrà*, Cour impériale de Bordeaux, 20 juin 1853, s. 1853-2-714.

cas où cet étranger pourrait disposer au profit d'un Français. »

Le premier de ces articles ne rétablissait pas, à proprement parler, le droit d'aubaine (encore moins celui de détraction). Sous son empire, l'étranger pouvait transmettre à ses parents français, bien qu'il ne pût pas acquérir de ces derniers.

Le manque de capitaux, que l'étranger ne plaçait plus dans un pays où la transmission des biens était impossible, fit sentir, en 1819, la nécessité d'une réforme. La loi du 14 juillet revint par d'autres motifs aux principes de l'Assemblée Constituante; elle abroge expressément, dans son art. 1, les art. 726 et 912 : en conséquence, les étrangers ont le droit de succéder, de disposer et de recevoir de la même manière que les français dans toute l'étendue de l'empire.—La disposition de son art. 2 est empreinte de sagesse : il s'agissait de régler le cas où des parents français, en concours avec des étrangers sur des biens situés partie en France, partie à l'étranger, seraient exclus par la loi ou la coutume de tout ou partie des successions étrangères. Le français devait-il voir l'étranger concourir avec lui en France, y partager la succession selon les statuts réels, prendre ainsi toute sa portion chez nous, quand le français n'aurait eu rien à recueillir chez lui? Ce résultat était inadmissible. Aussi notre art. 2 décide-t-il que dans ce cas, les français prélèveront sur les biens situés en France une portion égale à la valeur des biens situés en pays étranger, dont ils seraient exclus à quelque titre que ce soit; v. g. en vertu d'un privilége de race ou d'aînesse; l'article comprend aussi bien les parents non *appelés*, c'est à dire qui ne viendraient pas en ordre de succéder, que les parents exclus.

—Toutes les règles à suivre pour déterminer les droits relatifs à l'ouverture ou à la dévolution d'une succession, sont réglées par le statut réel français; c'est ainsi que l'étranger pourrait poursuivre en France la déclaration d'absence de celui dont il est héritier présomptif et qui y possède des biens; les causes d'indignité de succéder s'appliquent tout aussi bien à l'étranger qu'au Français, et cela à titre de peine. —Le statut réel règle l'ordre de dévolution entre les héritiers, sans se préoccuper de distinctions de sexe, de primogéniture et sans avoir égard à la nature et à l'origine des biens. Appartiennent encore au statut réel, l'incapacité pour l'enfant naturel de recevoir; pour le père ou pour la mère celle de lui donner au-delà de la quotité réglée par l'art. 757. La préoccupation de la loi ne tend qu'à conserver les biens à la famille légitime; en effet, l'incapacité de l'enfant naturel n'est que relative, il est des cas où il peut recueillir la totalité de la succession. Celle du père naturel n'est pas non plus permanente (art. 758).

— Les étrangers sont soumis à nos lois en matière de partage, de rapport et de paiement de dettes.

—L'ascendant donataire étranger peut réclamer dans la succession au bien français de ses enfants, le droit de retour légal dont parle l'art. 747; ce droit n'est autre chose qu'un droit de succession *ab intestat* (1).

—La doctrine est divisée sur la question de savoir, si la succession mobilière d'un étranger décédé en France se partagera d'après la loi française ou d'après la loi du domicile du défunt. La doctrine et la jurisprudence semblent incliner à accorder tout effet à la loi personnelle du défunt. On base cette solution sur le peu d'intérêt qu'aurait la France de régler la transmission des successions mobilières, et sur une réciprocité d'égards que se doivent les différentes nations.

C'est un principe d'économie politique reconnu par les esprits les plus distingués (2), que les meubles possédés par l'étranger sont réputés faire partie de la richesse nationale du pays auquel cet étranger appartient.—Les meubles n'ont pas de situation, ils sont censés suivre la personne dans tous les lieux où elle passe : *Ossibus personæ inhærent;* ce défaut d'assiette fixe ne permet pas de les soumettre au statut réel français.

(1) Demolombe, t. 1, n° 82.

(2) Article de M. Rodière dans la *Revue de Législation*, 1850, t. 1, p. 180.

C'est d'ailleurs ce qu'a reconnu implicitement l'art. 3 du C. N. : Une rédaction précédente de cet article fesait régir par la loi française tous les immeubles, les biens et la personne du français, laissant de côté la question de savoir par quelle loi seraient régis les meubles et immeubles des étrangers ; on parla seulement de leurs immeubles, abandonnant à la loi étrangère les meubles et la capacité de la personne de l'étranger.

Ces raisons nous conduisent à adopter la solution suivante : le statut réel français est en dehors de la question ; mais comme on ne peut contester que les meubles ont une assiette au lieu où se trouve leur possesseur, ils seront soumis aux lois réelles du domicile de fait plutôt que du domicile d'origine de ce possesseur ; leur assiette pourra changer autant de fois que ce même domicile, et le statut réel variera avec lui. — Ainsi, les meubles de l'étranger domicilié en France seront recueillis par les étrangers, conformément aux règles de nos successions ; il en sera autrement si, les meubles restant en France, l'étranger est domicilié en Belgique, la loi de ce pays demeurera seule applicable.

A l'appui de cette solution, je citerai l'avis formel de Rodemburg : « *Diximus mobilia situm habere intelligi ubi dominus instruxerit domicilium, nec aliter mutare eundem, quam unà cum domicilio. Et subest ratio : mobilia quippe, cum perpetuum ac fixum, ut res soli, locum non habeant, totum illud dependeat necesse est a destinatione ejus cujus ea res est, ut ibi habeantur mobilia existere, ubi esse ea voluerit dominus : Haud aliter ac ipsamet persona, ibi esse, vel domicilium habere accipitur, ubi semel esse voluerit. Igitur ibi mobilia sua quemque velle ut existant credimus, ubi degit ipse, laremque fovet ac fortunarum habet summam. Quo jure et nomina non immerito censueris, ut ea in successioni et similibus mobilium rerum sortiantur naturam... Sic unum hoc addidero, pluribus locis si quis instruxerit domicilium, sua cujusque lege loci tractari mobilia ubi ex destinatione domini reperiuntur* (1). »

(1) *De la diversité des statuts*, tit. 2, ch. 2, § 1.

Observons en outre, avec M. Valette sur Proudhon, qu'alors même que la succession mobilière située en France devrait être régie par la loi étrangère du domicile du *de cujus*, l'on pourrait appliquer à sa dévolution l'exception si favorable aux nationaux, du prélèvement permis par l'art 2 de la loi du 14 juillet 1819.

— L'étranger peut se prévaloir chez nous du bénéfice de la prescription ; je n'ai pas à démontrer ici que le principe de la prescription repose moins sur un fait de création légale que naturelle. Le progrès des idées a fait justice de la qualification d'*impium præsidium*, que lui avait donné Justinien et Pothier après lui (1). La prescription appartient évidemment au droit naturel, en ce sens qu'elle fait partie des nécessités juridiques de la vie sociale ; elle est établie pour tous : *Ne incerto dominia rerum maneant*, et c'est pour cela qu'elle s'appelle aussi : *Patrona generis humani!* La loi de 1819 n'a-t-elle pas rendu à l'étranger l'exercice libre et entier du droit de propriété ? Pourquoi lui refuser alors ce moyen d'acquérir, qui a été reconnu plutôt en haine de la négligence que comme récompense de la possession, *odio negligentiæ, non favore præscribentis* (2) ?

— L'étranger peut-il, enfin, acquérir chez nous le droit réel d'hypothèque, ou donner à ses créanciers une telle garantie ?

J'ai refusé à la femme et au mineur étranger la jouissance de nos hypothèques légales, il n'y aura pas pourtant contradiction à leur accorder le droit bien différent de convention hypothécaire ; l'hypothèque légale était une faveur créée directement pour telles ou telles personnes, tandis que la sûreté hypothécaire, basée sur le principe de la tradition et du gage, n'est que l'accessoire du droit de s'engager ; l'étranger ne pourrait souvent s'obliger et contracter chez nous, qu'à la condition de consentir cette garantie, qui ne tient à notre Droit civil que par la forme. Le droit de consentir hypothèque n'est

(1) *De la prescription*, 1, n° 20.
(2) Barthole sur la loi 1, au Digeste, *de Usurpationibus et usucapionibus*.

d'ailleurs que la conséquence des droits de propriété et d'aliénation reconnus à l'étranger.

Les hypothèques résultant des jugements français frappent également les biens de l'étranger situés en France ou ceux de ses débiteurs; l'hypothèque judiciaire est moins une faveur qu'une garantie donnée par la justice à ses propres décisions.

Il est généralement reconnu que nos priviléges s'appliquent aux étrangers. Capables de vendre, de succéder et de recevoir par testament, ils peuvent invoquer en leur faveur les articles 2103, 1° et 3°, et 2111. Quant aux priviléges qui résultent de la seule qualité de la créance (art. 2095 du C. N.), nos lois semblent aussi les accorder, en vertu de la simple équité, aux créanciers, quelles que soient d'ailleurs leurs qualités.

Droit de convention et exceptions à l'exercice de ce droit. — Les étrangers jouissent chez nous du droit de convention; il suffit, pour l'établir, d'invoquer le témoignage des art. 14, 15 et 16 du Code Nap., et les art. 14 et suiv. de la loi du 17 avril 1832.

Mais indépendamment des exceptions qui résultent de la capacité de l'étranger, déterminée par ses lois personnelles, le droit de convention est soumis chez nous, par rapport à lui, à des restrictions importantes; c'est ainsi que l'exécution des obligations qu'il consent est assurée par des mesures plus rigoureuses que pour les nationaux; elles sont relatives à la contrainte par corps et au bénéfice de la cession de biens.

1° *Contrainte par corps.* — Les étrangers, même non domiciliés, jouissant en France des droits publics; l'un de nos droits publics consistant à ne pouvoir être emprisonné que dans des cas fort rares, spécialement déterminés (art. 2063); c'est par exception que la contrainte par corps sera plus durement exercée contre eux. Il faudra toutefois la restreindre dans les limites déterminées par les textes spéciaux qui les concernent.

On distingue, pour les Français, les dettes civiles et les dettes commerciales : deux cents francs au moins pour toute dette commerciale; trois cents francs pour certaines dettes civiles (art. 2065), sont les chiffres au-dessous desquels l'on ne peut user envers eux de ce moyen exceptionnel de coërcition. — La contrainte par corps est au contraire de droit commun contre les étrangers. Peu importe le caractère de la dette; il suffit que la condamnation atteigne le chiffre de cent cinquante francs(1). Il n'était pas nécessaire, sous la loi de 1832, que le juge l'eût textuellement accordée pour qu'on pût l'exercer. L'art. 14 de la loi précitée porte même qu'elle pourra être exercée provisoirement avant jugement (V. art. 2067, C. N.) contre l'étranger non-domicilié, après l'échéance ou l'exigibilité de la dette (il n'est pas nécessaire qu'elle soit liquide, hors les cas prévus par l'art. 16 (2) et après avoir présenté requête au président du Tribunal dans l'arrondissement duquel il se trouve. Il suffit de lire les articles 17 et 18 de la même loi de 1832 pour comprendre en entier l'esprit de ses dispositions.

La loi plus récente du 13 décembre 1848 ne renferme aucun texte relatif à l'objet qui nous occupe. Toutefois la doctrine et la jurisprudence ont proclamé l'application à l'étranger de l'article 12, qui dispose : « Dans tous les cas où la durée de la contrainte par corps n'est pas déterminée par la présente loi, *elle sera fixée par le jugement* de condamnation dans les limites de six mois à cinq ans. » Cet article abroge donc les articles 7 et 17 de la loi du 17 avril 1832(3).

(1) Loi citée du 17 avril 1832, tit. 3, art. 14.

(2) Ces cas sont ceux où l'étranger fournit caution, possède en France un établissement commercial ou des immeubles suffisants pour mettre la conscience du juge à l'abri de la crainte que l'étranger ne se dérobe à l'exécution du jugement à intervenir.

(3) Durand, *de la Contrainte par corps*, p. 118, note 2.—Troplong, nos 788-789.—Arrêt de Paris, 3e chambre, 31 janvier 1850. *Gazette* du 1er février 1850.—*Id*, 12 avril 1850. 4e chambre, S. 1850, 2, 333.

Il n'est pas sans intérêt de se demander si le français peut exercer le droit d'arrestation provisoire, lorsque, primitivement, l'étranger poursuivi n'avait contracté que vis à vis d'un étranger, dont le français ou un étranger domicilié est devenu cessionnaire ? Distinguons ici quelle est la nature du titre cédé. Évidemment si l'effet négociable est une lettre de change ou un billet cessible par voie d'endossement, le français cessionnaire, l'étranger domicilié pourront se prévaloir du bénéfice de la loi française; la lettre de change est faite pour circuler en tous lieux, et l'étranger, en la souscrivant, a dû s'attendre à l'éventualité qui se réalise...

Mais il en est différemment lorsque le titre n'est qu'un titre ordinaire; car il n'est pas dans sa nature de passer en diverses mains et d'un pays à l'autre, comme la lettre de change(1).

L'étranger non-domicilié peut-il user de la contrainte par corps contre un autre étranger avec la même rigueur que le français? Les lois sur cette matière étant toutes d'exception ne peuvent être invoquées que par ceux pour qui elles ont été faites; cette solution s'appuie, du reste, sur le texte de l'art. 14 de la loi de 1832.

—L'étranger ne jouit pas chez nous du triste bénéfice de cession de biens (art. 1265 et suivants du C. N., art. 905, C. de Procédure Civile); il ne s'agit ici, bien entendu, que de la cession judiciaire, droit de création civile, qui force les créanciers; (arg. de l'art. 988 du C. de Procédure Civile) la cession volontaire ou abandon de tous ses biens aux créanciers qui les acceptent, pour lui laisser sa liberté, ne peut lui être refusée, parce qu'elle ne constitue qu'une convention privée. Au surplus, l'exclusion du bénéfice de cession judiciaire a perdu une grande partie de son intérêt depuis que le nouvel article 541 du Code de Commerce a exclu de ce bénéfice tous les débiteurs commerciaux faillis ou non faillis.

(1) Cassation, 25 septembre 1829, 26 janvier 1833. — Pau, 27 mai 1830; Paris, 27 mars 1833, 15 juillet 1846.

Je refuserais à l'étranger le droit de *concorder*, réglé par les art. 507 et suivants C. Com., quoique, au premier abord, le concordat ne semble qu'une convention privée comme la cession de biens volontaire; n'est-il pas pourtant de création civile ce droit qui contraint les créanciers de la masse à faire des remises et à ne recevoir que des dividendes; ce droit que l'art. 507 permet à la majorité en nombre ou à la majorité des trois-quarts en somme, d'imposer à la minorité? La loi des faillites ne pouvait-elle pas refuser de le sanctionner sans se mettre en opposition avec le droit naturel?...

Le droit de convention est encore restreint pour l'étranger quant aux hypothèques consenties dans son pays. Il est vrai qu'en France il peut les stipuler et les promettre sur les biens français, en suivant les formalités de nos lois; mais la raison pour laquelle on refuse aux contrats étrangers la force hypothécaire sur les biens de France, à moins de dispositions contraires dans les lois politiques ou les traités, est qu'une autorité étrangère ne devait pas avoir le droit de faire peser sur notre sol l'éventualité d'une expropriation plus ou moins large au profit des autres nations. Mais on pouvait atteindre ce résultat sans annuler la stipulation d'hypothèque elle-même, en refusant simplement chez nous la force exécutoire à l'acte qui la contient(1). L'art. 2128 est le produit d'une confusion d'idées. Sous l'ancien Droit, tous les actes ayant force exécutoire emportaient hypothèque, et l'on crut rationnel d'exprimer dans cet article que les actes passés à l'étranger auxquels manquait cette force ne devaient pas produire l'hypothèque; mais aujourd'hui que cette garantie n'est pas le corrélatif de la force exécutoire d'un acte, l'art. 2128 n'a plus sa raison d'être.

Appendice au droit de convention, explication de la règle locus regit actum. — Comme accessoire à l'étude du droit de con-

(1) V. M. Troplong, *des Priviléges et Hypothèques*, sur l'art. 2128.

vention, je crois devoir placer ici l'explication de cette règle qu'on a l'habitude de faire suivre, pour tempérer sa portée trop générale, de ces deux mots : *quoad solemnitates;* ils en déterminent le véritable esprit. Il y a, en effet, dans tout acte, plusieurs choses à distinguer : 1° la capacité des parties contractantes (elle se détermine par les lois du statut personnel); 2° la capacité des biens (leurs divers modes de transmission qui sont réglés par le statut réel); 3° ce qui dans l'acte appartient à son essence, comme un objet licite, une cause dans l'obligation, un objet certain qui forme la matière de l'engagement, conditions sans lesquelles l'on ne concevrait dans aucun pays son existence et qui font partie des formalités intrinsèques du contrat ; 4° les formes extrinsèques que l'acte peut ou doit revêtir.

La règle *locus regit actum* n'a trait qu'à ces dernières formalités; une doctrine et une jurisprudence unanimes ont reconnu que ces formes sont réglées par la loi du lieu où l'acte a été dressé; ces lois participent, en ce dernier sens, de la nature des lois réelles; elles s'étendent à tous les actes de l'homme, à ceux qui régissent l'état civil, la célébration du mariage, les donations, les testaments, les conventions à titre onéreux (1).

Cette règle est basée sur les raisons suivantes : 1° impossibilité de remplir en pays étrangers les solennités prescrites dans le pays de son origine ou de la situation des biens ; 2° si ces biens se trouvent situés en divers pays, embarras et difficultés de donner au contrat ou au testament autant de formes différentes qu'il y a de lois dans ces divers lieux. L'étranger, par exemple, qui ne pourrait tester chez lui que selon forme authentique, pourrait faire en France un testament olographe, qui serait déclaré valable par nos tribunaux ; de même les donations faites dans des pays étrangers, où, faute d'officier public

(1) V. Fœlix, *loco citato*, p. 94 et suiv. — M. Sapey, p. 197.

la forme authentique ne pourrait être employée, seraient valables même sous seing-privé si cette forme était suffisante dans ces pays (1).

La règle *locus regit actum* recevrait toutefois exception si les parties ne s'étaient rendues en pays étranger que dans le but d'éluder une prohibition portée par la loi de leur domicile.

Reste la question de savoir si la maxime *locus regit actum* est obligatoire ou facultative; autrement dit, les tribunaux français valideraient-ils un acte passé en France selon les formes habilitantes usitées en pays étranger?

Et d'abord, la règle *locus regit actum* n'a été écrite nulle part dans nos lois. On peut en induire qu'on a voulu laisser au juge une certaine latitude d'interprétation et lui permettre de l'appliquer selon la bonne foi et l'intérêt des relations sociales. Ce n'est donc que pour en critiquer la trop grande généralité, que je citerai les paroles de Paul de Castres, reproduites par Merlin : *Statutum afficit actus celebratos in loco statuentium quia dicuntur ibi oriri et nasci* (Consil. 3). Qui ne voit que cette règle est en définitive une pure faveur à laquelle on peut renoncer à raison de sa nature même.

Insistons du reste sur quelques espèces : le contrat est-il fait entre deux étrangers et ne doit-il pas être exécuté en France, pas de rigueur à exercer; s'ils ont suivi les formes de leur pays, c'est qu'ils se sont reportés par la pensée à leur patrie absente, mais qui sera présente au jour de l'exécution (2). — Le contrat est-il fait entre un français et un étranger, il faut encore distinguer selon le rôle que devait jouer l'étranger : s'il est seul obligé et qu'on ait suivi la loi du lieu de son domicile, incontestablement, traduit en France à raison de son obligation, il ne pourra pas se prévaloir de l'inobservation de cette règle, pour briser arbitrairement le lien qu'il a volontairement noué.

(1) Merlin, v° *Testament*. — Marcadé, I, p. 50. — Demolombe, n° 106.
(2) Massé, t. II, p. 124.

Au contraire, si le français était débiteur en vertu d'un contrat unilatéral, et que la loi française n'eût pas été suivie pour régler les formes de l'acte, d'une donation, par exemple, faite en France, pour laquelle on aurait seulement observé la forme particulière au pays de l'étranger donataire, l'étranger semblerait ne pas pouvoir se prévaloir d'une telle donation (art. 931, C. N.), sauf à exercer une action en dommages et intérêts contre le français, à raison du préjudice que pourrait lui occasionner la faute du donateur (art 1382, C. N.). — Si le contrat était synallagmatique, l'engagement régulier en la forme du chef de l'un des deux contractants, me semblerait, ainsi qu'à M. Massé, devoir faire refuser à cette partie le droit de réclamer un relax, sur le motif que les formalités du lieu n'ont pas été suivies.

Ces solutions diverses me semblent dictées par la bonne foi. C'est, au surplus, aux tribunaux qu'il appartient de concilier ce qui est dû à la foi des contrats, à la liberté des parties et au respect des lois françaises.

Droit d'agir en justice. — Il faut distinguer ici les contestations qui s'élèvent entre français et étrangers et celles qui naissent entre étrangers seulement.

COMPÉTENCE DE NOS TRIBUNAUX ENTRE FRANÇAIS ET ÉTRANGERS.

Section 1re. — *Etranger défendeur.* — D'après l'article 14, C. N., l'étranger, même non-résidant en France, pourra être cité devant les tribunaux français, pour l'exécution des obligations par lui contractées en France ou en pays étrangers envers des français.

Il n'était pas nécessaire de parler de la compétence en matière d'actions réelles, car l'art. 3, C. N., et l'art. 59 du C. de Pr. C. ont naturellement attribué les actions qui intéressent les immeubles aux tribunaux de leur situation.

En matière personnelle, l'art. 14 contient une exception à la règle *actor sequitur forum rei*, exception rationnelle en ce sens que les jugements obtenus contre l'étranger pourront au moins être ramenés à exécution immédiate sur les biens qu'il possèdera en France, en même temps qu'elle assurera plus efficacement son crédit vis à vis des nationaux.

Le Français qui a son domicile à l'étranger pourrait-il invoquer le bénéfice de l'art. 14 ? Oui, sans doute, car l'article ne distingue pas. L'étranger domicilié doit-il jouir de cette faveur? La généralité des termes de l'art. 13, qui l'autorise à jouir de tous les droits civils, me fait penser qu'on doit repousser l'argument tiré du texte de l'art. 14, qui ne statue, peut-on dire, que sur le *plerumque fit*, en parlant du français(1).

Remarquons que le terme *obligations*, de l'art. 14, n'est pas restrictif; le droit qu'il confère s'étend à toutes les causes qui peuvent engendrer un engagement, tels que les quasi-contrats, délits, quasi-délits, etc. (2).

Quid si le français n'est devenu créancier d'un étranger non domicilié que par suite d'une cession (3) ?

—On admet généralement que l'art. 14 n'édicte pas une règle obligatoire mais facultative, en sorte que le français pourrait y renoncer; cette renonciation ne résulterait pas du seul fait d'avoir cité d'abord l'étranger devant les tribunaux de son pays : les juges apprécieront si le français agit avec mauvaise foi, en traînant de nouveau devant eux son débiteur qu'il avait consenti à poursuivre à l'étranger, ou bien s'il n'intente consécutivement deux actions que parce qu'il y aurait été forcé par les circonstances, v. g. si à l'époque du premier procès l'é-

(1) Cassation, 24 avril 1827, s. v. 28-1-212.

(2) Merlin, *Répertoire*, v° *Étranger*, § 4. — Pardessus, n° 1478. — Carré, t. I, n° 202. — Fœlix, n° 221, etc.

(3) V. les distinctions posées plus haut entre les titres cessibles par leur nature et les titres civils ordinaires. — Massé, II, p. 279. — Merlin, *Questions de Droit*, v° *Étranger*, § 4, n° 3.

tranger n'avait aucune propriété en France. Dans tous les cas, le Français peut poursuivre simultanément, à l'étranger ou dans notre pays, toutes les mesures conservatoires ou d'exécution relatives à un titre d'ailleurs certain, puisque son titre ne peut être déclaré exécutoire sur les biens situés dans chaque pays, que suivant les formes et par les autorités établies dans l'un et dans l'autre (1).

Les tribunaux français me paraissent incompétents pour statuer directement sur les questions relatives à l'état des étrangers; la question de savoir si, accessoirement à la connaissance d'une obligation dont ils seraient régulièrement saisis, ils pourraient prononcer sur cet état, comme le décidaient les lois 13 au Code, *de Judicis*, et 1 *ibid*, *de Ordine judiciorum*, est à mon avis des plus délicates. Suffira-t-il que l'étranger soulève artificieusement une pareille difficulté pour entraver l'exercice de la justice? Je ne saurais le penser (2).

Une question encore très délicate, est celle de savoir devant quel tribunal l'étranger doit être poursuivi :

Pas de difficulté en matière immobilière et dans les cas où l'art. 59, C. de Pr., attribue juridiction spéciale à certains tribunaux, par exemple : dans le cas de société ayant son siége en France, en matière de succession, de garantie, et en matière commerciale (art. 420 du même Code). Il en est de même si l'étranger a chez nous une résidence fixe (*actor sequitur forum rei*). — Mais lorsqu'il s'agit des seules matières personnelles non commerciales, et que l'étranger n'a pas de résidence, faudra-t-il choisir le Tribunal du domicile du demandeur, celui du lieu où l'obligation s'est formée, où elle doit s'exécuter, ou bien un Tribunal quelconque au choix du demandeur si l'obligation a été contractée à l'étranger et pourvu que le choix du demandeur ne soit pas reconnu vexatoire?...

(1) M. Demolombe, I, p. 307. — Art. 2123, 2128, C. N.; 546, 555, P. C.
(2) V. Massé, t. II, p. 302.

Ce sont là autant de questions qui attendent une disposition législative pour enlever leur solution à l'arbitraire.

Vis à vis de l'étranger tous exploits doivent être faits à personne, quand on peut le trouver; dans le cas contraire, la copie doit être remise au procureur impérial près le Tribunal où est portée la demande, qui l'envoie, après avoir visé l'original, au ministre des affaires étrangères, lequel tâche de la faire parvenir à sa destination (art. 68, C. de Pr. Civ.).

Section 2me. — *Etranger demandeur.* — *Caution, art. 15, 16, C. N.; 166, C. de Pr. Civ.* — L'art. 15, C. N., dispose : « Un français pourra être traduit devant un Tribunal de France pour des obligations par lui contractées en pays étranger (1), même avec un étranger. » Le français cité devant les juges naturels ne peut se plaindre; sans ce privilége, d'ailleurs, l'étranger demandeur ne pourrait faire exécuter sur les biens français les jugements de son pays, sans recourir à un circuit interminable d'actions (2).

Mais le Français traduit par l'étranger devant les tribunaux français, peut arrêter l'action dès son début, si cet étranger demandeur principal, ou intervenant, ne lui présente pas, sur sa demande, un répondant solvable qui garantisse le paiement des frais personnels et dommages que l'étranger eût pu, sans cela, laisser à la charge du français même victorieux (3). — Cette caution ne répond nullement des frais faits à la requête du demandeur, mais seulement des frais et dommages alloués au défendeur. On comprend pourquoi elle n'est imposée qu'à l'étranger demandeur : *Rei favorabiliores habentur quam actores.*

L'art. 166, C. de Pr. Civ., qui complète sur ce point l'article 16, C. Nap..., assujettit à cette dation tous les étrangers

(1) *A fortiori* si elles ont été contractées en France.

(2) C. 1. Digest., liv. IV, tit. I, § 19, § 2.

(3) Décret du 16 décembre 1807, art. 16 du C. de Pr. C.

demandeurs principaux ou *intervenants :* Remarquons sur ce dernier terme qu'il ne peut vouloir désigner que les étrangers intervenants dans leur propre intérêt ou comme partie-jointe; il en serait autrement s'ils intervenaient dans l'intérêt du défendeur. L'étranger *défendeur* en première instance, qui interjette appel ne doit pas la caution, car son appel ne constitue pas une demande nouvelle et continue seulement la défense (1).

Mais le français défendeur qui ne l'a pas demandée en première instance, peut la demander en appel, pour garantir les frais nouveaux qui vont être exposés.

L'étranger qui ne poursuit que l'exécution d'un titre paré n'y est pas assujetti.

La caution est due en toute matière, autres que celles de commerce, exceptées à raison de la faveur qui leur est dûe et de la crainte que les étrangers ne voulussent jamais traiter avec les français qu'au comptant, alors que le crédit est l'âme des affaires commerciales (2). V. art. 423, C. Pr. Civ.

Il semble qu'on doive exiger la caution même en matière criminelle, lorsque l'étranger se porte partie civile; ce résultat paraît s'induire de la généralité des termes de l'art. 16, et de l'absence d'une dérogation formelle à cet article dans l'art. 1er du C. d'Inst. Crim.: *Posteriores leges ad priores pertinent nisi contrariæ sint, id que multis argumentis probatur* (3). On justifie ce résultat, en disant que l'étranger pourrait s'affranchir de la caution, en choisissant le Tribunal de répression plutôt que le Tribunal civil. Je préfère adopter cependant l'opinion défendue par M. Chauveau sur Carré (4).

Est encore dispensé de donner caution, l'étranger qui possède en France des immeubles suffisants pour garantir le

(1) V. art. 464, C. Pr. C.

(2) Mourlon, *Répét. écrites*, t. 1, p. 77, note 2.

(3) ff 1. 28, *de Legibus*.

(4) Sur l'art. 166. nº 705.

paiement des frais et des dommages (art. 16, *in fine*); on a pensé, avec la loi 15 au Dig., *qui satisdare cogitur*, que l'étranger, pour échapper au paiement de frais relativement modiques, n'irait pas aliéner à vil prix ou hypothéquer ses immeubles. — L'on s'est demandé si la possession d'un immeuble, où qu'il fût situé, pouvait suffire, ou s'il fallait qu'il présentât en outre les conditions exigées par l'art. 2040 du C. N.? Les termes eux-mêmes de cet article me semblent devoir faire adopter l'affirmative, malgré ce qu'elle paraît avoir de rigoureux.

Il y a encore dispense de caution, si l'étranger consigne une somme suffisante, s'il dépose un gage, ou s'il donne un nantissement.

Doit-il donner hypothèque sur ses immeubles, ou le jugement qui reconnaît la suffisance de ses biens emporte-t-il cette hypothèque de plein droit? Décider l'affirmative serait ajouter à la rigueur de la loi; le jugement en vertu duquel on peut prendre hypothèque, n'est que celui qui, reconnaissant une obligation préexistante, condamne l'une des parties à l'exécuter au profit de l'autre (1). Ne serait-ce pas d'ailleurs mettre provisoirement à la charge du demandeur les frais et dommages et intérêts, avant même d'avoir examiné la justice du procès.

L'art. 16, *in fine*, parle de valeurs immobilières; *quid*, si l'étranger possédait en France des valeurs mobilières plus que suffisantes? Le texte précis de la loi et la facilité avec laquelle l'étranger pourrait faire disparaître ces valeurs, me forcent, à regret, à décider que la caution serait encore due, malgré la confiance toujours croissante qui s'attache, de nos jours, à la fortune mobilière.

La caution n'ayant trait qu'à l'intérêt privé, peut être l'objet d'une renonciation; c'est ce qu'établit l'art. 166, C. Pr.: il

(1) M. Troplong, *Hypothèques*, t. II, p. 478 — Toullier, Duranton, Merlin et Tarrible.

faut que le défendeur la requière *avant toute exception;* ces derniers mots ont exercé la sagacité des juristes : on s'est fait un jeu d'opposer à notre article 166, les exigences identiques de l'art 169, qui veut aussi, dans le cas d'un déclinatoire pour une incompétence, que la demande en renvoi soit formée *avant toute autre exception ou défense;* et en outre, l'art. 173 du même Code, qui exige que toute nullité d'exploit ou d'acte de procédure soit proposé *avant toute défense ou exception autre que celle d'incompétence.*

Ces prescriptions diverses se combattent : Comment demander caution pour ce qui sera jugé, sans reconnaître par là même la compétence du Tribunal devant lequel on la réclame ?..... Mais, d'autre part, le déclinatoire proposé en premier lieu, entraînera des dépens, et si l'étranger se soustrait à ce premier jugement, les prescriptions de l'art. 16 se trouveront en défaut..... Plaider d'ailleurs sur le déclinatoire, n'est-ce pas reconnaître la solvabilité de l'étranger.

J'adopte sur ce point la solution proposée par M. Mourlon(1): Le français devra présenter d'abord l'exception d'incompétence (art. 168), car, si le Tribunal était effectivement incompétent, tout ce qu'il ferait serait nul... Mais, comme le procès sur le déclinatoire peut entraîner lui-même des frais, le français peut demander caution pour le remboursement de ses frais sur cette première demande, sauf à l'exiger de nouveau lorsque le Tribunal se sera déclaré compétent pour le véritable procès qu'on sait pouvoir seulement alors s'engager.

Si l'exception d'incompétence est rejetée, ajoute M. Mourlon, l'exception de nullité doit alors être proposée, et ce second procès devant occasionner des frais, le défendeur doit, sous peine de déchéance, demander immédiatement que le paiement lui en soit garanti par la caution *judicatum solvi ;* mais alors il ne doit pas se borner, comme dans la première

(3) *Ibid.*, p. 77 à la note 2. — V. sur cette caution *jud. sol.*, l'art. de M. Joccator, *Revue de Législation*, 1852, t. I, p. 170 et suiv.

hypothèse, à la demander pour les frais du jugement à intervenir sur l'exception de nullité, mais le Tribunal étant compétent pour connaître aussi du fond de l'affaire, elle doit être demandée à la fois pour tous les frais qu'entraîneront les incidents du procès.

COMPÉTENCE DES TRIBUNAUX ENTRE ÉTRANGERS.

La question délicate de savoir si les tribunaux français sont compétents entre étrangers, me semble pourtant devoir être résolue par l'affirmative.

La compétence n'est pas contestée : 1° lorsque la demande est relative à des immeubles situés en France; 2° pour la répression des crimes et délits et des actions civiles qui peuvent en être la suite (art. 3, § 1); 3° en matière commerciale (arg. tiré de la généralité des termes de l'art. 420 de C. Pr.) (1). Cette doctrine se base sur les Ordonnances de 1673, tit. 12, art. 17, et de 1681, tit. 2, art. 1, auxquelles il n'a pas été dérogé; elle est en outre favorable à la bonne foi et à la rapidité des affaires commerciales.

Reste donc à savoir si, pour les matières civiles personnelles, les tribunaux français peuvent ou doivent juger.

On reconnaît assez généralement encore que, dans ce cas, les étrangers peuvent consentir à prendre pour juge le Tribunal français et que ce Tribunal peut accepter cette espèce d'arbitrage. — Mais nous allons plus loin, et nous demanderons d'abord à ceux qui n'adoptent cette première solution que par exception, comment le simple consentement pourra créer ce droit chez les étrangers, comment le Tribunal, incompétent d'après eux, pourra se donner, par le même moyen, une capacité qu'il n'avait pas. — Est-il donc vrai que le Tribunal français ne puisse pas juger?... On oppose aux étrangers qu'ils

(1) Cassation, 26 novembre 1828, 26 avril 1832. — Montpellier, 23 janvier 1841. — Demolombe, t. p. 316.

n'ont pas la jouissance des droits civils... qu'ils n'ont pas en France de domicile... que nos tribunaux ne doivent la justice qu'aux français, n'ayant été organisés que pour eux.... Enfin que l'application des lois personnelles, offre de trop graves difficultés, et que les juges du domicile sont les plus aptes à décider ces questions. Réfutons ces arguments :

Nous avons établi qu'il est certains droits, même réputés civils, qu'on ne peut refuser à l'étranger, sans porter atteinte à un principe d'équité mieux comprise de nos jours (1). Refuser aux étrangers un jugement qui serait directement exécutoire sur les biens situés en France, n'est-ce pas leur enlever le seul moyen de faire respecter le droit général de créance que la loi leur reconnaît? Ici, comme en matière commerciale, l'intérêt des relations et le besoin, pour tous les États, de favoriser l'affluence des étrangers sur leur territoire, n'engagent-ils pas à leur offrir la certitude de rencontrer chez nous des juges devant lesquels ils pourront se défendre?

On parle de domicile.... Mais l'existence ou l'absence de ce domicile entraînerait-elle, par hasard, l'attribution ou le refus du droit d'ester en justice (2)? L'étranger peut avoir, d'ailleurs, une résidence, un établissement commercial; et, en matière de citation, la résidence peut parfaitement remplacer le domicile (59, § 1 Pr.).

Enfin, il est incontestable, selon moi, que la difficulté résultant de l'application aux étrangers de leurs lois personnelles est au moins exagérée (3).

Jugements étrangers. — Il me reste à dire un mot de la force de ces jugements. — Ils ne peuvent d'abord avoir chez nous la force exécutoire; elle n'appartient qu'à nos jugements re-

(1) Massé, t. II, n° 169. — Fœlix, n° 121. — Mourlon, *loc. cit.*, t. I, 73 à la note 3.

(2) V. art. 3, § 1 et 2. — V. encore art. 14, 15 et 16, C. N.

(3) V. *suprà*.

vêtus de la formule : Mandons et ordonnons...; et il devait en être ainsi pour sauvegarder la souveraineté et l'indépendance nationales. C'est la raison pour laquelle les hypothèques judiciaires que confèrent ces jugements, n'ont aucune force sur les biens français.

Nos tribunaux devront rendre exécutoire en France les jugements étrangers; ils vaudront chez nous à cette seule condition. (Art. 2123, 10, 2128 C. N., 546 C. Pr. C.) Le juge français accordera-t-il son *exequatur* par un simple *pareatis*, ou ne le donnera-t-il qu'après une révision au fond?

On reconnait généralement, en se basant sur les termes et l'intention de l'Ordonnance de 1629, art. 121(1), qu'il faut ici distinguer entre le Français et l'étranger : le Français seul pourra débattre *au fond* la sentence qui le condamne; quant à lui, cette sentence n'aura pas même force de chose jugée. Cette solution, si formellement sanctionnée par l'ancien Droit, n'a jamais cessé d'être appliquée même pendant la période révolutionnaire; le législateur de 1804 n'a pas voulu l'abroger (2).

Mais l'étranger, se basant sur ce que les jugements étrangers n'ont pas en France la force exécutoire, pourra-t-il prétendre, en outre, qu'ils n'ont pas contre lui force de chose jugée?

C'est ce que je ne saurais admettre. Les art 2128 C. N., 546 Pr. ne parlent de la révision que tout autant qu'il s'agit d'accorder la force exécutoire. Ajoutons que les juges français auraient incontestablement le droit de refuser leur *pareatis* à

(1) « Les jugements rendus, contrats et obligations reçus ès royaume et souverainetés étrangères, pour quelque cause que ce soit, n'auront aucune hypothèque ni exécution en France; ains tiendront les contrats lieu de simples promesses, et nonobstant les jugements *nos sujets* contre lesquels ils auront été rendus pourront de nouveau débattre leurs droits comme entiers pardevant nos officiers. »

(2) M. Demangeat.

un jugement contraire à l'ordre public ou à la souveraineté de la nation(1).

DEUXIÈME CLASSE.

Etrangers domiciliés.

L'art. 13 du C. N. est ainsi conçu : « L'étranger qui aura été « admis, par l'autorisation de l'Empereur, à établir son domi- « cile en France, y jouira de tous les droits civils tant qu'il « continuera d'y résider. »

Les formalités à remplir pour obtenir cette autorisation sont les suivantes : âgé de vingt-un ans, l'étranger doit adresser directement sa demande à l'empereur ou à la chancellerie ; il lui est répondu, sur le rapport du ministre de la justice, et l'autorisation lui est accordée, s'il y a lieu, à la condition qu'il établisse en France son domicile, et s'il y est déjà, à condition qu'il continue d'y résider.

Remarquons sur cette nécessité de résidence qu'un simple déplacement, un voyage d'affaires ou d'agrément ne serait pas considéré comme interruptif.

L'étranger ainsi autorisé peut se prévaloir de la jouissance de tous nos droits civils; cette espèce d'adoption civile est utile : 1° aux étrangers qui désirant être naturalisés en France sont soumis à un stage préalable de dix ans; l'on a pensé qu'ils trouveraient là une compensation aux longueurs de ce stage ; 2° à ceux même qui n'ayant pas en vue la naturalisation française, veulent cependant se fixer parmi nous.

Toutes les lois d'exception qui atteignent chez nous les étrangers dont j'ai étudié la condition dans *la première classe*, tombent devant cette autorisation. C'est ainsi que cet étranger domicilié, jouira du droit de plaider sans donner caution; qu'il sera affranchi de l'arrestation préalable, de la contrainte

(1) Sapey, p. 230.

par corps pour une condamnation civile ou commerciale dont le chiffre atteint 150 fr.; qu'il pourra invoquer la cession de biens et le bénéfice des hypothèques légales.

Les deux questions vraiment importantes à examiner sur l'art. 13 sont les suivantes :

1° L'étranger domicilié de fait en France, qui s'y est établi à perpétuelle demeure, sans esprit de retour dans son pays, jouit-il des droits civils? J'ai déjà résolu cette question lorsque j'ai rangé cet étranger dans la classe des étrangers régis par l'art. 11;

2° L'état et la capacité de l'étranger, autorisé selon l'art. 13, continuent-ils à être régis par les lois personnelles de son pays, tant qu'il n'a pas acquis la naturalisation française?

Cette dernière difficulté reste à résoudre, et malgré l'autorité bien imposante d'un esprit devant lequel j'ai l'habitude de m'incliner (1), je me détermine cependant pour l'affirmative.

L'art. 13 admet, a-t-on dit, « l'étranger domicilié en France « avec l'autorisation, à la jouissance de tous les droits civils « *sans restriction*, par la raison que l'autorisation demandée « manifeste l'intention d'acquérir la qualité de français; dès « lors on ne conçoit pas la distinction faite par quelques doc- « teurs, sur l'art. 13, entre les droits civils réels et les droits « civils personnels..... Réduire aux premiers le bénéfice de « l'art. 13, c'est l'anéantir. » M. Valette sur Proudhon admet aussi, pour résoudre cette question, la distinction suivante : Ou l'autorisation a été demandée pour obtenir la naturalisation, et alors c'est la loi française qui doit régler l'état et la capacité de l'étranger, ou bien elle n'a été demandée que pour échapper aux exceptions qui pèsent sur l'étranger simple résidant, et alors, n'ayant pas l'intention d'abdiquer sa nation, il resterait soumis aux lois personnelles.

Je ne puis apercevoir le fondement légal d'une telle distinc-

(1) M. Delpech, *Programme de la 1re année.*

tion. L'étranger resterait toujours le maître de faire tourner la question d'*intention* selon son caprice, pendant les 10 ans du stage de la naturalisation.

La demande de l'étranger fait supposer, dit-on, le désir d'acquérir la qualité de français ; cela peut être vrai à l'instant où elle est faite, mais l'étranger ne peut-il pas changer d'idée ? Qui sait d'ailleurs si le gouvernement, usant d'un droit que lui confère expressément une loi récente (1), ne lui retirera pas l'autorisation, et alors on lui aura donc appliqué les lois personnelles françaises, à lui qui n'a jamais été français, qui en repousse le titre ou n'est pas digne de l'obtenir (2) !

A quoi servira le stage, si dès qu'il commence on le considère comme accompli ? Depuis quand donc le commencement est-il la même chose que la fin (3) ?

L'étranger autorisé n'est pas français, il reste étranger et par conséquent soumis à ses lois personnelles, si le principe que les lois personnelles suivent chez nous l'étranger n'est pas un vain mot.

Le bénéfice conféré par l'art. 13 sera-t-il vraiment illusoire ? Cet étranger n'aurait-il pas en principe *la jouissance* de tous nos droits civils, jouissance qui est refusée à l'étranger non domicilié ? Ne pourra-t-il pas les exercer tous si ses statuts personnels ne sont pas en opposition ou se trouvent en harmonie avec nos lois !

La perte de la jouissance des droits civils peut arriver volontairement ou involontairement. — Volontairement, lorsque l'étranger cesse de résider en France, ou qu'il encourt des peines qui privent les Français eux-mêmes, en tout ou en partie, de l'exercice de ces droits ; nous savons que nos lois

(1) La loi sur la naturalisation, 11 décembre 1849, art. 3, réserve expressément au gouvernement le droit de retirer cette autorisation, après avis du Conseil d'État.

(2) V. M. Soloman, p. 73.

(3) *Ibid.*, p. 72.

pénales, sont applicables à l'étranger; de même que la loi peut le frapper de mort, de même elle peut, comme conséquence d'une peine, leur infliger la privation de certains droits....

La loi pénale s'est même quelquefois montrée plus sévère contre lui que contre le français. Je puis en citer pour exemple l'art. 35 du Code Pénal, qui s'occupe de la dégradation civique prononcée comme peine principale, et qui ajoute que, si le coupable est un *étranger* ou un français ayant perdu la qualité de citoyen, la peine de l'emprisonnement, facultative dans les cas ordinaires, devra toujours être prononcée contre lui. Et en effet, la dégradation civique n'a trait qu'à la privation du droit d'exercer certaines fonctions *publiques* dont l'étranger même domicilié est incapable (1). Dès lors, sans la condamnation à l'emprisonnement, l'étranger coupable d'un des délits à raison desquels elle est prononcée n'eût pas été atteint par cette peine, si l'on n'eût ajouté la peine de l'emprisonnement.

La jouissance des droits dont parle l'art. 13, peut se perdre involontairement, lorsque le gouvernement, usant de son droit suprême, retire à l'étranger autorisé le droit de conserver chez nous son domicile. — C'est là une différence saillante, qui distingue encore du français l'étranger autorisé; le français ne peut pas être privé arbitrairement des facultés qui, chez lui, ne constituent pas de simples faveurs, mais des droits inhérents à sa personne.

Observons que les enfants de l'étranger autorisé ne deviennent nullement français, à moins qu'ils ne naissent en France, ou d'étrangers qui eux-mêmes y sont nés (rappel de la loi du 7 février 1851, art. 1).

Me basant sur ce principe que, dans l'esprit des dispositions spéciales du Code de 1804 sur les étrangers, les exceptions à la règle d'exclusion, qui domine ces lois, sont évidemment de droit étroit, je pense à regret que l'autorisation

(1) Art. 34, C. Pénal.

accordée par le gouvernement est spéciale à celui qui la demande et qu'elle ne s'étend ni à sa femme, ni à ses enfants mineurs, bien que ces derniers, ainsi que l'établit M. Demante, suivent le domicile de leur père.

TROISIÈME CLASSE.

Etrangers privilégiés.

Les souverains sont dans l'usage de se faire représenter auprès des cours étrangères par des ministres publics accrédités; cette représentation comprend d'ordinaire :

1° Les ambassadeurs proprement dits pour les relations politiques;

2° Les consuls institués pour la protection des intérêts commerciaux.

Je n'ai point à parler du cérémonial à observer envers ces envoyés, ni de la nature des pouvoirs ou lettres de crédit qui leur sont nécessaires pour être admis auprès de la personne de l'Empereur. Je n'ai à m'occuper de leur position qu'au point de vue juridique et des immunités qui leur appartiennent.

Ces immunités les différencient seules des étrangers ordinaires.

De ce que leur domicile est établi de fait en France avec l'agrément du chef de l'Etat, l'on pourrait croire qu'ils ont la jouissance de nos droits civils; ce serait pourtant une erreur. En vertu du principe de l'*exterritorialité*, l'envoyé est toujours censé chez nous résider en pays étranger; ne pourrait-on pas dire enfin que son titre même de représentant d'une nation étrangère, est la preuve qu'il n'entendait pas abandonner la qualité d'étranger qui le distingue pour jouir comme simple particulier des droits civils? Il devrait donc se conformer aux prescriptions des art. 11 ou 13 du C. N.

Le privilége de l'*exterritorialité* consiste en ce que l'hôtel occupé par l'ambassadeur et les personnes de sa suite, est censé en dehors de notre territoire.

Le droit des gens, voyant dans le titre d'ambassadeur un caractère sacré, affranchit celui qui le porte de la justice civile ou criminelle de nos tribunaux. Point d'action à intenter contre lui, point d'arrestation provisoire ; impunité complète des délits qu'il peut commettre; le gouvernement auprès duquel il est accrédité, conserve néanmoins, pour se défendre, le droit de l'expulser.

Ces divers priviléges reposent sur le principe que l'action politique des représentants doit être libre de toute entrave. — Les gens de leur suite jouissent des mêmes avantages, comme participant à leur action politique.

Ce bénéfice est-il relatif ou absolu? Je m'explique : l'ambassadeur pourra-t-il, par exemple, se faire une arme de son inviolabilité, lorsque ayant abandonné un instant son caractère de personne publique qui le met à l'abri de toute recherche, il aura contracté comme personne privée et pour des objets complètement étrangers aux intérêts du souverain qu'il représente ? On ne pourrait, dans ce cas, lui accorder en principe un tel privilége. Mais nous arrêterions toute poursuite, s'il ne résultait pas de ces actes l'évidence complète qu'il a agi comme personne privée...

Les étrangers privilégiés, dont je m'occupe, sont encore exempts du paiement des impôts et autres charges de la propriété française.

Je me demanderai en terminant si les consuls, simples protecteurs des intérêts commerciaux de leurs concitoyens, jouissent chez nous des mêmes prérogatives. — Mornac ne les accordait qu'aux ministres publics du premier ordre, chez lesquels seulement il voyait le caractère représentatif; mais l'opinion contraire, plus favorable aux intérêts commerciaux, devait prévaloir, et la Cour de Cassation, les 22 nivôse an VIII et 3 vendémiaire an IX, leur a appliqué le principe d'inviolabilité par rapport à leur personne et à raison de leurs actes (1).

(1) Paris, 25 août 1812, s. v. 12, 2, 372.

POSITIONS.

DROIT ROMAIN.

1. Le vendeur s'engageait seulement à procurer à l'acquéreur la jouissance paisible de l'objet vendu. L'on peut trouver la cause de ce fait dans le caractère primitif de *l'emptio venditio*, qui, tandis que la *mancipatio* transférait la propriété parfaite de l'*ager romanus* entre citoyens romains, ne s'appliquait qu'au transport de la propriété des immeubles provinciaux, dont le possesseur n'avait que le domaine utile, l'Etat gardant dans ses mains le domaine éminent.

2. Le pacte *de precario* est moins une modification du *commodat*, qu'il n'est un souvenir des concessions qui ont dû intervenir entre les clients et leurs patrons, dans les premières époques de l'histoire de Rome.

3. Dans une action en revendication, le droit de rétention ne pouvait être exercé par un possesseur de mauvaise foi que pour se faire rembourser les dépenses nécessaires.—*Nec obstat*, l. 38, ff. *de Rei vindic.*, et l'avis contraire de Cujas, *Comm. ad leg.*, 27, § 5, de *Rei vindic.*, obs. 10, chap. 1er.

4. Il existait de grandes différences entre les *exceptions*, au temps du système formulaire, et les *défenses* qui conservent improprement le nom d'exception sous l'empire des *judicia extraordinaria*.

DROIT FRANÇAIS.

CODE NAPOLÉON.

1. Le mariage de l'interdit est nul, quand même il aurait été contracté dans un intervalle lucide.

2. L'action Paulienne ne réfléchit pas contre les tiers sous-acquéreurs de bonne foi.

3. Le créancier hypothécaire du défunt doit faire prononcer la séparation des patrimoines, s'il veut préserver son hypothèque de la préférence que pourrait avoir l'hypothèque légale ou judiciaire des créanciers de l'héritier, par suite de l'antériorité de date de cette dernière.

DROIT CRIMINEL.

Celui qui croyant administrer une substance vénéneuse capable de donner la mort, n'a, par des circonstances indépendantes de sa volonté, donné à sa victime qu'un breuvage inoffensif, n'est pas punissable, son action ne constitue pas le *délit manqué* d'empoisonnement (art. 301, C. Pénal. — *Nec-obstat*, art. 2, même code.)

CODE DE PROCÉDURE.

La Cour impériale, en infirmant sur l'appel un jugement définitif par lequel le Tribunal de première instance s'est mal à propos déclaré soit compétent soit incompétent, ne peut, en même temps, statuer sur le fond. — *Nec-obstat*, art. 473, C. Pr.

DROIT ADMINISTRATIF.

Le conseil de préfecture est seul compétent pour apprécier une question de dommages permanents en matière de travaux publics.

APPROUVÉ :

Le Doyen de la Faculté de Droit,

LAURENS.

Vu l'approbation du Doyen,

L'inspecteur général de l'enseignement supérieur, délégué pour l'administration,

F. LAFERRIÈRE.

Toulouse, Imprimerie Bonnal-Privat et Ce, rue Peyras, 12.

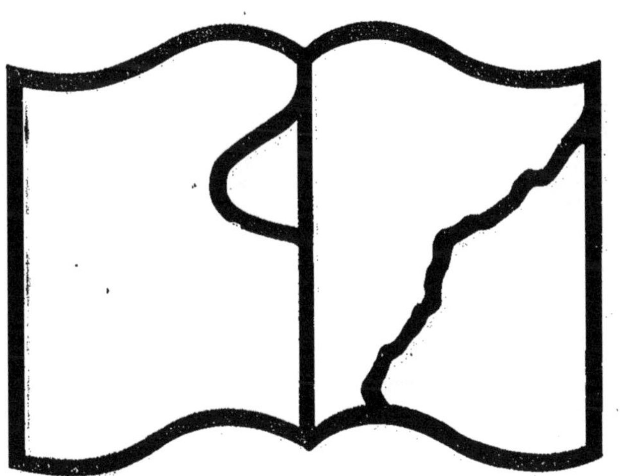

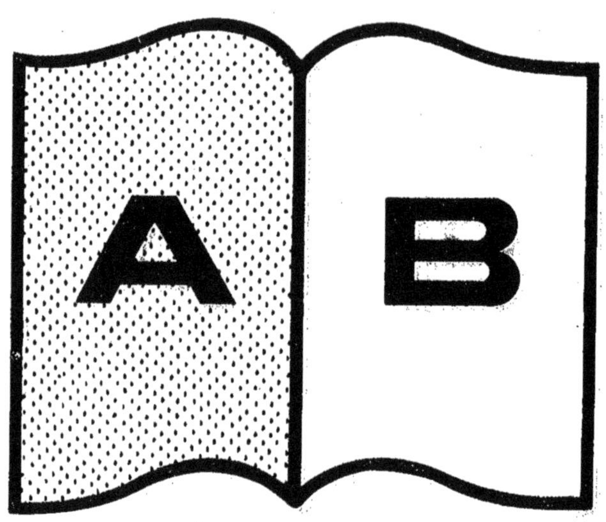
A
B

www.ingramcontent.com/pod-product-compliance
Ingram Content Group UK Ltd.
Pitfield, Milton Keynes, MK11 3LW, UK
UKHW020125200726
13856UKWH00002B/741

9 782011 306838